色彩的真谛

李子燕 ◎ 编著

西洋画家

中国出版集团

现代出版社

图书在版编目(CIP)数据

色彩的真谛/冯晓红编著;——北京:现代出版社,
2013.2 (2024.12重印)
(我的未来不是梦)
ISBN 978-7-5143-1346-8

Ⅰ.①色… Ⅱ.①冯… Ⅲ.①画家－生平事迹－
西方国家－青年读物②画家－生平事迹－西方国家－少
年读物 Ⅳ.①K815.72-49

中国版本图书馆 CIP 数据核字(2013)第 025433 号

我的未来不是梦——色彩的真谛(西洋画家)

作　　者	冯晓红
责任编辑	刘　刚
出版发行	现代出版社
地　　址	北京市朝阳区安外安华里 504 号
邮政编码	100011
电　　话	(010)64267325
传　　真	(010)64245264
电子邮箱	xiandai@cnpitc.com.cn
网　　址	www.modernpress.com.cn
印　　刷	唐山富达印务有限公司
开　　本	700×1000　1/16
印　　张	12
版　　次	2015 年 3 月第 1 版第 1 次印刷　2024 年 12 月第 4 次印刷
书　　号	ISBN 978-7-5143-1346-8
定　　价	47.00 元

序 言

　　这套以"我的未来不是梦"命名的丛书,经过众多编者的数年努力,终于以这样的形式问世了。

　　此时,恰值党的"十八大"刚刚胜利闭幕,选举出了以习近平同志为首的党中央领导集体。"十八大"报告中对教育领域提出:"坚持教育为社会主义现代化建设服务、为人民服务,把立德树人作为教育的根本任务,培养德智体美全面发展的社会主义建设者和接班人。"这使我们编者更感此套丛书生即逢时,契合新时期新要求,意义重大。

　　我们编写的这套《我的未来不是梦》系列丛书,精选了古往今来的一些重要职业,尤以当下热点职业为重。而"梦想的实现"则是本套丛书的核心。整套书立意深远,观点新颖,切合实际,着眼实用,是不可多得的青少年优质读物。

　　我们深信,这套丛书必将伴随小读者们的生活与学习,而促进他们德智体美全面健康的成长。更使他们对未来充满信心,驾驭着新知识和新科技,驶入海洋,飞向蓝天,去实现最美好的梦想!

目录 CONTENTS

第一章

漫步艺术长廊

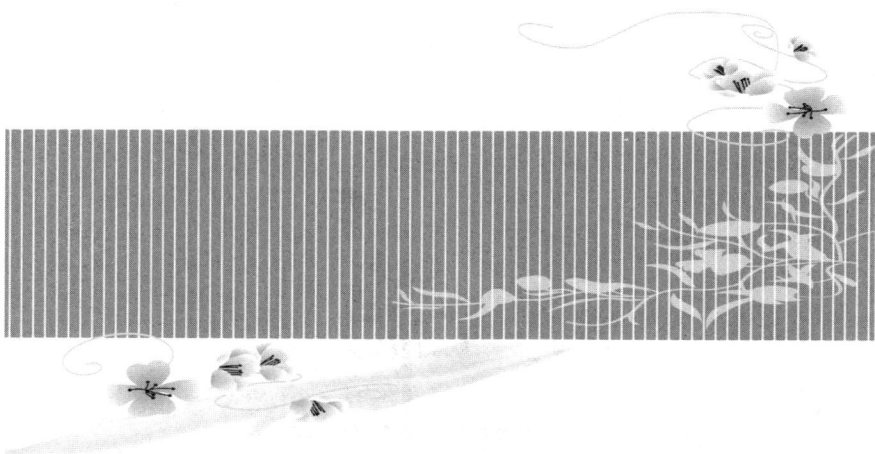

◎ 导读 ◎

    艺术及审美教育的重要作用，已成为当今世界人们的共识。审美教育是整个社会文化建设不可缺少的组成部分，是提高人类素质、促进社会全面发展的重要途径之一。其根本目的在于提升人的精神境界，通过对美和艺术的鉴赏，使身心得到和谐发展与美化。而绘画是一种在二维的平面上以手工方式临摹自然的一种视觉艺术，用艺术语言如线条、形体、明暗、色彩、肌理等组成的各种形式结构，也与人们精神生活和情感生活节奏相一致，相辅相成。

■ 西方绘画的悠久历史

在中世纪的欧洲,常把绘画称作"猴子的艺术",因为如同猴子喜欢模仿人类活动一样,绘画也是模仿场景。在 20 世纪以前,绘画模仿得越真实技术越高超;但进入 20 世纪,随着摄影技术的出现和发展,绘画开始转向表现画家主观自我的方向, 是一个捕捉、记录及表现不同创意目的的形式。绘画的性质可以是自然及具像派的、影像绘画、抽象画、有叙事性质的、象征主义的、情感的或政治性质的。

西方人最早的绘画作品,产生于旧石器时代晚期,即距今 3 万到 1 万年之间。最杰出的原始绘画作品,发现于法国南部和西班牙北部地区的几十处洞窟中, 其中最著名的是法国拉斯科洞窟壁画和西班牙的阿尔塔米拉洞窟壁画。所绘形象皆为动物,手法写实,形象生动,气势恢弘,栩栩如生,堪称自然主义杰作。在维也纳附近的威伦道夫出土的女性雕像,被称为"威伦道夫的维纳斯",是其中最著名的代表作,拉开了人类美术史的辉煌篇章。

中世纪的漫长时期,处于古典文明的结束与复兴之间。很多人认为中世纪艺术怪诞、迷惑,甚至贬为丑恶,也有人认为此间艺术丰富,反映出了东方文化、希腊罗马文化及蛮族文化的融合。中世纪基督教占主要地位,于是图画也为之服务。包括 5 个部分:一是早期基督教绘画;二是拜占庭绘画;三是蛮族及加洛林文艺复兴;四是罗马式;五是哥特式。

文艺复兴是欧洲文化艺术发展史上的重要历史阶段, 是一次人类从来没有经历过的伟大变革和思想上的革命。这个时期艺术的繁荣,在漫长晦暗的中世纪后显得尤为振奋和夺目,是个伟大的转折,它的成就和影响使得后人不懈追溯和探索却再也没有达到过。意大利是文艺复兴的中心地,14—15世纪早期,画家乔托、马萨乔等把人文思想与对自然的逼真描绘结合,虽还具呆板僵硬痕迹,却显出了与中世纪不同的现实主义风格。

15世纪末到16世纪中叶,画家们在真实与幽雅方面达到了同一,有了达·芬奇、米开朗琪罗、拉斐尔"盛期三杰"。提香、乔尔乔奈等威尼斯画派画家注重光与影的表现,追求享乐主义的情调,产生了深远的影响。1520—1590年的手法主义画家不关心作品内容的表达,而对形式因素予以极大的热情,热衷于表现扭曲的体态、奇特的透视和绚丽的色彩,反映出与文艺复兴的古典审美精神相异的情趣。另外又有尼德兰、德国、法国的文艺复兴绘画,也把意大利风格与本土传统融合,创出了自己的绘画风格。

17世纪时的西方绘画,又开创了一个生气勃勃的新局面。以意大利、德兰德斯、荷兰、西班牙和法国为代表。其中巴洛克具有强烈动势、戏剧性、光影对比及空间幻觉等特点;古典主义和学院派强调理性、形式和类型的表现,忽视艺术家的灵性、感性与情趣的表达;写实主义则拒绝遵循古典艺术的规范以及"理想美",也不愿意对自然进行美化,即忠实地描绘自然。18世纪的西方绘画,洛可可风格兴盛一时,华丽、纤巧、追求雅致、珍奇、轻艳、细腻的感官愉悦。与此同时,写实主义也得到发展。

19世纪的法国绘画,在欧洲起着主导性作用。很多画家先后到法国学习,像荷兰的凡·高、西班牙的毕加索等,一些对世界绘画有影响的画家都在法国居住过。由于社会的变革,文艺思潮的转变,使当时法国的绘画出现了多种画派,如新古典主义、浪漫主义、写实主义、印象主义、新印象主义和后印象主义等,它们对西方绘画的发展有着极大的推动作用。

到了20世纪时,则出现了众多现代主义的思潮,在艺术理论与观念上与传统绘画分道扬镳。现代主义强调主观情感的抒发,强调艺术的纯粹性及绘画语言自身的价值,他们排斥功利性,对描述性和再现性的因素也不以为然,他们认为最重要的是组织画面结构,表达内在情感,营造神秘梦境。其主要流派有:野兽主义、立体主义、巴黎画派、表现主义、未来主义、维也纳分离派、风格主义、达达主义、形而上画派、超现实主义、至上主义、抽象表现主义、波谱艺术、光效应、新超现实主义、超级写实主义。

达·芬奇自画像

■ 西方绘画的显著特点

西方绘画强调色彩的运用,典型的有拉斐尔的"雅典学院"。在致力于追求纯艺术的现代派画家看来,传统绘画掺杂太多的"非艺术的杂质"。实际上,西方传统绘画并不是不讲艺术,只不过是在讲究艺术性的同时,兼顾着诸多非艺术性的方面。这大概就是传统绘画区别于现代派绘画的重要标志。传统绘画在艺术上的这种不纯粹性,主要表现在功利性和描述性等方面。

西方传统绘画的另一个特点,是强调描述。长期以来画家们一直是把有效地表现故事和传说、描绘具体的情节,以表达某种寓意或象征,当作自己的任务。相对于现代绘画而言,西方传统绘画以"再现性"为其主要特征,但是这种再现绝非对自然一成不变的描摹,这种写实带有浓厚的风格特色:时代的、民族的,以及艺术家个人的风格特色。

古典与反古典,是西方传统绘画艺术的两大主流。古典的趣味偏重理性,在形式上的特点尤其表现在重视素描而轻视色彩之上;反古典则热衷于情感,它不像古典主义那样追求庄严、静穆、单纯、和谐的古典意蕴,而是强调自由、放纵的精神和富丽、壮观的气势,动荡激越的精神,在巴洛克和浪漫主义艺术中充分表现出来,前者表现了对于文艺复兴古典趣味的反动,后者则体现出与新古典主义的格格不入。

现代主义时期,在绘画领域里产生了形形色色的派别和思潮:抽象主义以其非具象的体积和团块,组建着那种远离人们的日常视觉、与自然物像几乎毫无瓜葛的三维空间的形体结构；表现主义夸张变形的绘画语言，使作品成为精神性的、情感的符号；梦幻主义则以一个个充满幻想和象征性的视觉图像，将人们带到精神彼岸缥缈超然的境界。综观现代派绘画，不难看出其共同特征，即对于客观再现的漠视和对主观表现的强调。

强调形式结构，是现代绘画的一大流派。立体主义画家更是不惜为了结构而牺牲再现。在他们的笔下，物象都被彻底地分解，缩减为基本的元素及许多块面。分析立体主义通过对分解物象以及并置、连接不同块面、获得明晰的画面结构；综合立体主义采用各种材料拼贴出形状各异的块面，虽略显具体物象的外形，但其目标确是显示画的自身世界的统一与独立。为了追求画面的构成秩序，蒙德里安走向了象征与抽象，他发展出他那种极简的集合抽象图式：三种原色、三种非色以及"水平线—垂线"的网状结构，求得诸要素之间的绝对平衡。

表现主义是现代派绘画的第二大主流。表现主义画家所关心内在情感及内在精神的表达，认为艺术不是客观地再现而是心灵的表现。在凡·高的画中，风景在发狂、山在骚动、月亮星云在旋转，而那些柏树则宛如一团团巨大的黑色火舌翻卷缭绕，直上云端；而那为总是在讴歌"生命、爱情和死亡"的挪威画家蒙克，以其极度夸张的手法，淋漓尽致地表现人类的极端孤独与苦闷。

表现怪诞的梦境，是现代绘画的第三条主流。形而上派和超写实主义的绘画是这一主流的典型代表。根据弗洛伊德的观点，梦是无意识、潜意识的一种最直接表现形式，是本能在完全不受理性控制下的一种发泄，它以扭曲的形式剥露了人的灵魂深处秘而不宣的本质。而艺术创作也如同梦幻一般，是潜意识的表现和象征。画家们认为梦幻能显示"生命永恒"的"彼岸"，只有用梦幻纠正现实、改变现实，才能推倒通往"彼岸"的墙，达到神妙的超现实境界。意大利形而上派画家基里柯，被视为超写实主义绘画的先驱者。他的作品创造了现代艺术中最令人不安的梦幻景象，形象之间的奇异冲突及清澈气息，又具有某种神奇而特别的魅力。而超写实主义画家所追求的，正是这样的梦幻效果。

我的未来不是梦

■ 东西方绘画的关联影响

　　艺术是人类文明共同的结晶，人类分分合合繁衍了几千年，艺术也就跟着发展了几千年。由于社会政治经济和文化传统等方面的差异，世界各国的绘画在艺术形式、表现手段、艺术风格等方面存在着明显的区别。一般认为，从埃及、波斯、印度和中国等东方文明古国发展起来的，称为东方绘画；从希腊、罗马绘画发展起来的以欧洲为中心的，称为西方绘画，这是世界上最重要的两大绘画体系。它们在历史上互有影响，对人类文明做出了各自的重要贡献。

　　中国绘画，无论一山一水、一人一物、一花一草，那美丽形态的生命力，细如游丝的笔致和奔放的笔墨气势，都代表着那一时代的绘画水平和审美理想。中国传统绘画艺术，以其独有的特色和不朽的作品，在源远流长、博大精深的世界文化史上写下了光辉灿烂的篇章。历朝历代，无数绘画精品如奇葩异卉斗妍争辉，各个画派如涓涓清泉汇成滔滔江河。这是一个伟大的艺术传统，一个多姿多彩的艺术世界，它的丰富令人目不暇接，它的魅力让人心旷神怡，它的深奥又使人有些望而生畏。

　　而西方绘画的杰作，如达·芬奇的《蒙娜丽莎》、拉斐尔的《西斯庭圣母》、鲁本斯的《劫夺留基伯的女儿》、大卫的《马拉之死》、安格尔的《泉》，以至莫奈的《日出·印象》等等，每个人都会为它们对人物深入细腻的刻画、和谐雅致的色彩和高超精妙的写实手法而感叹。大量或优美典雅、或庄重朴实、或沉雄壮阔的西方绘画作品，为我们展现了一道绚丽的世界文明风景线。

中国绘画是散点透视,西画焦点透视,这是东西方绘画的本质区别。在20世纪后期,西方艺术从古典主义走向印象主义,再到抽象绘画的产生,西方绘画体系在不断解体,产生了许多受东方精神影响的作品,如毕加索著名的《格尔尼卡》就运用了散点透视法,此外米罗、夏加尔等也习惯于使用这种方法。由此可见,东方绘画给西方绘画的发展提供很多途径。同样,中国近代绘画不仅学习西方的方法,甚至引进了一个画种——油画。在一定意义上说,中国人学习西方绘画,其实是学习西方的透视方法。

比较历史上东西方绘画的其他不同之处,还在于西方人发现了光影,东方人发现了线条。西方人利用光影成像原理,在画面上描绘出逼真的图像。从达·芬奇到安格尔再到马奈德加,甚至后来发明的照相机,皆是绘画实践的结果。东方人因为受书写习惯的影响,将书法的线条运用到了绘画中,从吴道子到阎立本再到今天的诸画家,依然如此。

近观中国学习西方绘画的历史,以徐悲鸿先生为代表影响最大。他画油画是用现实主义的手法,提出“中体西用”的观点,即用中国的毛笔宣纸为工具,运用西方现实主义的技法来造型。这种绘画的特点是先用线条画出准确的轮廓,再以光影原理用墨的浓淡来画体积,目前仍然运用于国内各大美院的教学中。另一种是以林风眠为代表,其作品借鉴了构成主义、野兽派、纳比派等思想的影响,是打破以往对空间和真实的表现,具有进步意义。

时至当代,西方艺术在进入21世纪后变革更加激烈,从印象派引入决裂的时代以后,对绘画的主体对象的怀疑使艺术仿佛晕眩了。抽象主义画家特温布利宣称:“今天,每一个线条都是线条本身内在历史的具体体现,它无需做出任何解释,它是它本身存在的结果。”皮洛克提出了艺术的无限可能性,他用全新的技法从新定义空间、材料、素描以及空间布局等关系。尽管当代西方艺术纷繁复杂,但归结起来有一个共同特点:即这些当代艺术家都在为发明一种新的种类的图像而忙碌着,这其中也包括中国的前卫艺术家们。

我的未来不是梦

　　西方绘画在色彩上曾经成功地借鉴过东方色彩，安格尔曾经被戏称为误入巴黎的中国人，凡·高也曾迷恋过日本画，而中国绘画在色彩的借鉴上远不如西方积极。另外，中国绘画强调萧疏淡远、诗情画意，符合中国农耕时代的一唱一和的人文精神，但很难适应当前快节奏读图时代人们的审美需要。尤其是互联网和无线通讯技术的使用，使世界变得越来越小，随着国际间的交流频繁人们的审美标准更加接近。因此要想使我国的传统绘画艺术得到发展，就不能忽略对西方现代艺术的研究和借鉴。

　　无论是东方绘画，还是西方绘画，都是可以直接看到的、有形有色的、具体的艺术形象，反映社会生活和抒发对客观现实的感受。中西方文化差异，如今已形成了"师法自然型"、"以古开今型"、"中西合璧型"3种类型。这三者为高度统一体的综合造型表现艺术，要求21世纪的画家应该是多才多艺的复合型"创新"人才，只有这样，才能使中国绘画真正走向繁荣，步步登高，呈现出无限广阔的前景。

克劳德·莫奈

智慧心语

1.人不可有傲气,但不可无傲骨。

——徐悲鸿

2.笨拙的艺术家永远戴别人的眼镜。

——罗丹

3.莫把丹青等闲看,无声诗里颂千秋。

——徐渭

4.勤劳一日,可得一夜安眠;勤劳一生,可得幸福长眠。

——达·芬奇

5.在真正的艺术领域里,没有预备学校,但是有一个最好的预备方法,就是对艺术大家的作品抱一种最虚心的学徒的兴趣。这样碾颜料的人,常常会成为优秀的画家。

——歌德

我的未来不是梦

乔治·凯莱布·宾厄姆作品《顺密苏里河而下的皮货商》

第二章

天才在于勤奋

◎导读◎

　　一个有开阔思想、勇敢精神、远大目光的天才,才是一个力量无边的人。种下一棵树,就应该能看见千百年后的结果,应该能憧憬到未来的幸福,这才是天才的独创性和前瞻性。而意志、悟性、想象力以及感觉上的一切,全由思维而来;失去思想的头脑,就像一只没有蜡烛的灯笼,缺少最本质的精神源泉。如果你在某一方面有超常的禀赋,那么请一定用勤奋和思想做翅膀,让那份难得的天赋绽放最灿烂的光芒!

■ 巨人中的巨人，珍品中的珍品

达·芬奇是意大利文艺复兴三杰之一，是整个欧洲文艺复兴时期最完美的代表。这位天才爱好广泛，最大的成就是绘画艺术创作，被誉为"人类历史上唯一一位人物肖像画作和照相机拍的照片几乎一样的画家"，与尼古拉·特斯拉并称为"人类史上两大旷世奇才"。

世界上最难画的就是人物，而达·芬奇认为人体是大自然的奇妙之作品，画家应以人为绘画对象的核心。为了真实感人的艺术形象，他广泛地研究与绘画有关的光学、数学、地质学、生物学等多种学科。达·芬奇的艺术实践和科学探索精神，对后代产生了重大而深远的影响，在他逝世后的500年间，人类一直对他进行研究与探索，欧美各国、以色列等亚洲国家设立了研究达·芬奇的专门机构，他的祖国意大利更是把他作为文化的象征。

列昂纳多·达·芬奇，1452 年 4 月 15 日生于意大利佛罗伦萨的海滨小镇芬奇镇，那里有一个美丽的小村庄叫安奇雅诺，父亲是佛罗伦萨有名的公证人，家庭很富有，为达·芬奇的学习创造了优越条件。达·芬奇的童年是在祖父的田庄里度过的，孩子时代就表现出脱俗的才气，不仅聪明伶俐，而且勤奋好学，兴趣广泛。他歌唱得很好，很早就学会弹七弦琴和吹奏长笛，即兴演唱时，不论歌词还是曲调都让人惊叹。不过达·芬奇尤其喜爱绘画，常为邻里们作画，很快得到"绘画神童"的美称。

达·芬奇 14 岁时，一个贵族要画一幅盾面画作为他们家族的标志，父亲便想让小芬奇试试，看看儿子到底能画到什么程度。小芬奇凭借丰富的想象力，用一个月的时间，画成了一个吓人的妖怪美杜莎。这幅作品完成后，小芬奇请父亲来到他的房间，然后把窗遮去一半，将画架竖在光线恰好落在妖怪身上的地方。父亲刚刚走进房间时，一眼就看到了这个面目狰狞的妖怪，吓得大叫起来。小芬奇则笑着对父亲说："你把画拿去吧，这就是它该产生的效果。"通过这件事，父亲确信儿子有绘画天赋，便将小芬奇送往佛罗伦萨，师从著名的艺术家韦罗基奥，开始系统地学习造型艺术。

达·芬奇来到作坊以后，老师韦罗基奥就拿来一个鸡蛋让他画。达·芬奇很快就画了几张，可是老师让他继续画，一连几天都是如此。老师看出了他的烦躁，意味深长地说："这个蛋可不简单，世上没有两个完全相同的蛋，即使是同一个蛋，由于观察角度不同、光线不同，它的形状也不一样啊。"达·芬奇恍然大悟，原来老师是为了培养他观察事物和把握形象的能力呀！从此以后，达·芬奇废寝忘食地训练绘画基本功，学习各类艺术与科学知识，为他以后在绘画和其他方面取得卓著的成就，打下了坚实的基础。

韦罗基奥的作坊是当时佛罗伦萨著名的艺术中心，经常有意大利人文主义者在这里聚会，讨论学术问题。在这里，达·芬奇结识了一大批知名的艺术家、科学家和人文主义者，开始接受人文主义的熏陶，渐渐地已有很高的艺术造诣，用画笔和雕刻刀去表现大自然和现实生活的真、善、美，热情歌颂人生的幸福和大自然的美妙。

达·芬奇非凡的绘画天赋，在作坊学画的时候就初露锋芒。他18岁那年，老师韦罗基奥受圣萨尔宾诺教堂的委托绘制《基督受洗》，全画的人物虽已画完，但是还剩下背景没有画，教堂一再催促，限定韦罗基奥必须在复活节前交画。但是时间紧张，当时离复活节仅剩下7天了，如果按原来的速度，肯定无法交工；可是韦罗基奥又是位认真的画家，不愿敷衍了事，怎么办呢？考虑再三，老师韦罗基奥决定带着达·芬奇去希莫尼湖写生，然后再画背景。不料途中遇暴雨，韦罗基奥受寒感冒，高热不止，根本不能正常工作了。

由于任务紧迫，韦罗基奥无奈，只好命达·芬奇来画背景。达·芬奇匆匆赶回佛罗伦萨，反复琢磨老师的整体创作意图，然后模仿老师的画风动笔画了起来，经过一整天的辛勤劳动，终于完成了全画。

可是第二天早晨，当达·芬奇揭开画布时惊呆了——原来，老师以达·芬奇作模特儿画的天使形象遭到师兄们的妒忌，他们在夜间把那个天使刮掉了。事态非常严重，达·芬奇没有时间跟师兄们理论，当时只有一个想法：必须维护老师的荣誉，绝不能辜负老师的委托！那么唯一的办法，就是自己动手来补画。主意一定，他立刻找出老师原稿，对着镜子以自己为模特儿，重新画天使。后来韦罗基奥康复归来，看到画作时激动万分，虽然达·芬奇只画了一位跪在基督身旁的天使，但其神态、表情和柔和的色调，已明显超过了他这位老师。韦罗基奥紧紧抱住达·芬奇的肩膀兴奋地说："它是如此的完美，看来我以后只能去拿雕刻刀了。"

这句话是对达·芬奇的最大认可和赞许，从此后他声名鹊起，成为佛罗伦萨有名的年轻画家了。达·芬奇现存最早的作品《受胎告知》，就是在没有老师的指导下独立完成的，除了有一点自由构思外，这幅画的场景都是他遵循一般的透视画法完成的，其艺术创新大大超越了他的老师和同辈——他所采用的色调幽暗的画法，使人物形象从阴影中突出，突破了传统绘画明晰透露的特点，预示着文艺复兴的到来。

20岁时，达·芬奇来到米兰，应邀绘制祭坛画《岩间圣母》。这幅画现藏于卢浮宫。《最后的晚餐》是他在这一时期最负盛名之作，这幅表现基督被捕前和门徒最后会餐诀别场面的湿壁画，绘制在米兰格雷契修道院饭厅的墙壁上。它巧妙的构图和独具匠心的布局，使画面上的厅堂与生活中的饭厅建筑结构紧密联结在一起，使观者感觉画中的情景似乎就发生在眼前。在人物布局上，一反平列于饭桌的形式，将基督独立于画面中央，其他门徒通过各自不同的表情和手势，分别表现出惊恐、愤怒、怀疑、剖白和慌张的情绪。这种典型性格的描绘，突出了绘画的主题，它与构图的统一效果互为补充，堪称美术史上最完美的典范之作。

随着共和国制度的恢复，文化气氛一度活跃，画坛上先后出现了米开朗基罗、拉斐尔等杰出人物。达·芬奇在 1500 年回到佛罗伦萨后，经过精心构思的《圣母子与圣安娜、圣约翰》素描草图，立即引起轰动，其构图原理和画法对艺术界有极大影响，米开朗基罗和拉斐尔等人也从中得到启发，后来三人一起成为文艺复兴时期伟大的艺术家。

在此期间，威尼斯公爵请达·芬奇为其 24 岁的夫人画一幅肖像，于是享有盛誉的肖像画《蒙娜丽莎》诞生了。创作此画时，达·芬奇在艺术上孜孜以求，把自己对人像典型的审美理想全部倾注于此，画中人物坐姿优雅，笑容微妙，背景山水幽深茫茫，淋漓尽致地发挥了他那奇特的烟雾状笔法。人物的丰富内心感情和美丽的外形达到巧妙的结合，对于人像面容中眼角唇边等表露感情的关键部位，也达到神韵之境，从而使蒙娜丽莎的微笑具有一种神秘莫测的千古奇韵，使观者如坠云雾，直叹妙不可言。然而画作完成之际，达·芬奇自己已经被完全吸引了，根本不舍得交工，考虑再三做出一个惊人之举——那就是连夜打包，和仆人一起逃跑。从此，这幅画成为他极为珍爱的作品，始终带在身边，晚年移居法国也不离左右，最后遗存巴黎。人们称蒙娜丽莎的微笑是"世界上最美的微笑"，把蒙娜丽莎的右手称为"美术史上最美的一只手"。

不过，达·芬奇并不满足于单纯地绘画，非常想掌握人类思想的各个领域。他眼光独到，做事干练，既是思想深邃的艺术家，又是学识渊博的科学家；既多才多艺，又勤奋多产，保存下来的手稿大约有 6000 页，被后人称为"15 世纪真正的百科全书"。他坚信真理只有一个，不是在宗教之中，而是在科学之中；他认为"理论脱离实践是最大的不幸，实践应以好的理论为基础"。他的实验工作方法，为后来哥白尼、伽利略、开普勒、牛顿、爱因斯坦等人的发明创造开辟了新的道路。

在天文学方面，达·芬奇对传统的"地球中心说"持否定的观点。他认为地球不是太阳系的中心，更不是宇宙的中心，而只是一颗绕太阳运转的行星，太阳本身是不运动的；月亮自身并不发光，它只是反射太阳的光辉。这些观点的提出，早于哥白尼的"日心说"。在物理学方面，达·芬奇重新发现了液体压力的概念，提出连通器原理。他指出：在连通器内，同一液体的液面高度是相同的，不同液体的液面高度不同，液体的高度与密度成反比。他最早开始了物体之间摩擦学理论的研究，发现惯性原理，后来为伽利略的实验所证明。

在医学方面，达·芬奇被认为是"近代生理解剖学的始祖"。他最先采用蜡来表现人脑的内部结构，也是设想用玻璃和陶瓷制作心脏和眼睛的第一人。他发现了血液的功能；发现心脏有 4 个腔，并画出了心脏瓣膜，最为奇妙的是，还设计了一套方法以做心脏修复手术。他认为老年人死因之一是动脉硬化，而产生动脉硬化的原因是缺乏运动。后来，英国科学家哈维证实和发展了达·芬奇的这些解剖学成果。

达·芬奇对机械世界痴迷不已，水下呼吸装置、拉动装置、发条传动装置、滚珠装置、反向螺旋、差动螺旋、风速计和陀螺仪等等，无数奇思妙想呈现在世人面前。看过《达·芬奇密码》的人大概都知道，他设计的密码筒内有一个装着醋液的容器，如果强行砸烂密码筒，醋液就会流出溶解莎草纸。要打开密码筒，必须解开一个 5 位数的密码，密码筒上有 5 个转盘，每个转盘上都有 26 个字母，可能作为密码的排列组合多达 11881376 种。后来，达·芬奇又设计出第一款人形机器人；设计了"达·芬奇汽车"，点燃现代汽车发明的灵感之火。

在建筑学方面，达·芬奇也表现出卓越才华。在城市街道设计中，他将车马道和人行道分开；设计城市建筑时，具体规定房屋的高度和街道的宽度。他的思维还涉及到军事领域，发明了簧轮枪、子母弹、三管大炮、坦克车、浮动雪鞋、潜水服及潜水艇、双层船壳战舰、滑翔机、扑翼飞机和直升机、旋转浮桥等等。

达·芬奇对水利学的研究比意大利学者克斯铁列早一个世纪，有些水利设施至今仍在发挥作用。他还对化石研究很感兴趣，被誉为"古生物学的先锋"。他推断出地壳有过变动，指出地球上洪水的痕迹是海陆变迁的证明，这个思想与 300 年后赫顿发现的地质理论颇为近似；并且在麦哲伦环球航行之前，达·芬奇已经计算出地球的直径为 7000 余英里……

纵观达·芬奇这位旷世奇才，恩格斯称其为"巨人中的巨人"，是人类历史上绝无仅有的全才;仅绘画而言,就已经达到了欧洲的第一次高峰。他解决了造型艺术 3 个领域——建筑、雕刻、绘画中的重大问题:纪念性中央圆屋顶建筑物设计和理想城市的规划问题;15 世纪以来雕刻家深感棘手的骑马纪念碑雕像的问题;当时纪念性壁画和祭坛画的问题。达·芬奇指出绘画科学点、线、面、体的原理,在人类历史上第一个真正意识到绘画的作用:第一是传播知识,第二是让人欣赏美。他绘画的主旨是"人和他的思想意图",这是排除神学、以人为中心的可贵的时代精神。

达·芬奇在艺术上的卓越成就,是和他的世界观分不开的。他的作品不仅能像镜子似的反映事物,而且还以思考指导创作,从自然界中观察和选择美的部分加以表现。壁画《最后的晚餐》、祭坛画《岩间圣母》和肖像画《蒙娜丽莎》是世界艺术宝库珍品中的珍品,是欧洲艺术的拱顶之石。为纪念这位伟大的艺术和科学大师,他的故乡成立了"列昂纳多·达·芬奇博物馆"和"芬奇的列昂纳多博物馆";在米兰的科学技术博物馆中也有列昂纳多·达·芬奇的专题介绍。

逐梦箴言

"勤劳一日,可得一夜安眠;勤劳一生,可得幸福长眠。"他的生命是一条没有走完的道路,路上是撒满了未完成作品的零章碎片,他在临终前痛心地说过:"我一生从未完成一项工作。"上天将美丽、优雅、才能赋予一人之身,令他之所为无不超群绝伦,他的才智之高可使一切难题迎刃而解。达·芬奇用科学的态度对待绘画,勤学苦练、刻苦钻研、理论联系实际的作风更值得后人学习。

知识链接

尼古拉·特斯拉

1856 年 7 月 10 日出生在克罗地亚，是世界知名的发明家、物理学家、机械工程师和电机工程师。1882 年，继爱迪生发明直流电后不久，他即发明了交流电力系统，并制造出世界上第一台交流电发电机，始创多相传电技术。1897 年，他使马可尼的无线传讯理论成为现实。1898 年，他又发明无线电遥控技术并取得专利。1899 年，他发明了 X 射线摄影技术。其他发明包括：收音机、雷达、传真机、真空管、霓虹光管等等。在迈克尔·法拉第发现的电磁场理论的基础上，特斯拉带起了第二次工业革命，以他名字而命名的磁力线密度单位，更表明他在电磁学上的突出贡献。

《达·芬奇密码》

2003 年美国作家丹·布朗小说《天使与魔鬼》的续篇，以750 万本的成绩打破美国小说销售纪录，可与《哈利·波特》丛书相匹敌。小说集合了侦探、惊悚和阴谋论等多种风格，讲述主角宗教符号学教授罗伯特·兰登解决巴黎卢浮宫馆长雅克·索尼埃被谋杀一案的故事。索尼埃赤裸的尸体是以列昂纳多·达·芬奇的名画维特鲁威人的姿态在卢浮宫被发现的，索尼埃死前在身边写下一段隐秘的信息并用自己的血在肚子上画下五芒星的符号。达·芬奇的一些著名作品中隐含的信息，都在解密的过程中真相大白。

■ 艺术巨匠,不朽的《创世记》

米开朗基罗·迪·洛多维科,作为文艺复兴的巨匠,以他超越时空的宏伟大作,在生前和后世都造成了无与伦比的巨大影响。

米开朗基罗和达·芬奇一样多才多艺,兼雕刻家、画家、建筑家和诗人于一身。他得天独厚活到 89 岁,度过 70 余年的艺术生涯,人生坎坷和世态炎凉,使他的作品都带有戏剧般的效果、磅礴的气势和人类的悲壮。他一生追求艺术的完美,坚持自己的艺术思路,犹以人物"健美"著称,即使女性的身体也描画得肌肉健壮。他的风格影响了几乎 3 个世纪的艺术家,作品《大卫》直到今天还是每个学画的人必须临摹的教材。为了纪念他,小行星 3001 以他的名字命名。

1475 年 3 月 6 日,米开朗基罗出生于意大利,父亲是法官。他在一个全是男人的家庭中长大,有 4 个兄弟,没有姐妹,母亲在他 6 岁时去世。父亲希望 5 个儿子能够经商,或者当银行家。当他发现小儿子执意想当艺术家时,分外恼火,开始用皮鞭"开导"他。然而皮鞭并没有打消米开朗基罗想当艺术家的决心,父亲万般无奈之下,只好让他师从佛罗伦萨的一位画家——格兰达约学艺。

那时,格兰达约正在圣母院内作壁画。他叫学徒们研磨颜料,用布临摹他精制的草图。米开朗基罗的临摹超过了原作,顿时引起了格兰达约的嫉妒。不久,他让米开朗基罗转往伯特尔多处继续学画。伯特尔多在为佛罗伦萨的统治者"豪华者"劳伦佐效劳的同时,还给一群青年人讲授雕塑技法。伯特尔多是文艺复兴时代早期的现实主义传统的捍卫者,他在增长米开朗基罗的才干方面起了重要作用,帮助米开朗基罗了解古代艺术的实质,研究意大利的现实主义大师的创作。

有一天在美第奇花园中,14 岁的米开朗基罗正在凿一个老人的头像,统治者"豪华者"劳伦佐碰巧在花园里经过,当他走过米开朗基罗的雕像时,停下步来。他看了一眼,转身朝着米开朗基罗说:"我的孩子,你难道不知道,老人总是掉牙缺齿的吗?"米开朗基罗一看是劳伦佐在跟他说话,激动万分,同时也明白了对方的意思,拿起工具敲掉雕像的一颗牙齿,转身面对劳伦佐问道:"这样行了吧?""对,好得多了。"劳伦佐大笑。

这件事情,充分体现了米开朗基罗的聪明才智,劳伦佐非常感兴趣,便带他到美第奇宫,允许他同桌进餐,鼓励他跟自己的子女一起玩耍,并送给他一件紫色大衣,每月给他 5 个金币,让他打开眼界,看到了异教世界的壮丽。从此,米开朗基罗有机会接触到从世界各地来的学者、作家和艺术家,从他们身上获得丰富多彩的精神食粮。短短 4 年中,他获得了一个伟大艺术家所必须具备的条件,为整个艺术创作打下了坚实基础。

在劳伦佐的府邸里,设有一个"柏拉图学院",对古希腊的哲学家柏拉图推崇备至,认为他是首屈一指的先知和圣人。学者们聚在一起研究学问,创立了一种新的思想体系——人文主义,他们的思想是要把世界归还给人,把人归还给他自己;人绝不能像一个奴隶一样被捆绑在教条之上,在锁链中死亡腐朽。米开朗基罗在这种异教的影响下,完成他的第一个创作——浮雕《众怪之战》。这是一场半人半马怪物的逼真混战,充满希腊裸体的匀称美,一则远古神话在文艺复兴世界中的再生。这是米开朗基罗纵横自如的世界,他在这段时期中的生活极为幸福。

可是接踵而来的一次遭遇,却使他肉体和精神带来终生的创伤。与他一起学艺的有才能的艺徒中,有一个名叫托里贾诺的,脾气急,拳头硬,打架的本领胜过绘画本领。有一次,米开朗基罗奉命批评他的画,结果托里贾诺非常恼怒,捏紧拳头在米开朗基罗的鼻子上"砰"地一击,鼻骨便软得像松饼一样——米开朗基罗就这样终生带着对方的拳头标记。当米开朗基罗被抬到家时，人们以为他必死无疑。伤愈后，米开朗基罗看到镜子里自己的破相，开始明白什么叫"明哲保身"，开始以怀疑的眼光看待世界的一切。

劳伦佐·美第奇死后，米开朗基罗失去了保护人，加之佛罗伦萨陷于一片混乱，他深感故乡非久留之地，便赴罗马寻找发展机会。罗马到处林立古代雕像，犹如走进巨大的古代艺术宝库。23 岁的米开朗基罗受法国红衣主教委托，为圣彼得教堂制作《哀悼基督》雕像。在这幅作品中死去的基督安卧在母亲膝上，圣母俯视着儿子充满了忧思与爱怜。整个作品给人以既悲哀又优美的感觉，展出后立即在罗马全城引起轰动，人们怎么也没想到这是位不足 25 岁的新秀雕刻的作品。这件雕像的问世，使米开朗基罗名盖罗马，自多纳太罗之后又一颗雕刻巨星升起。

在艺术创作中，米开朗基罗是一个完美主义者，从来不肯放过一个细节。有一天，他正在凝望着一件刚完成的作品沉思，朋友到访，问他正在想什么，米开朗基罗答道："我在构思，把雕像这部分修改一下，把那部分稍加打磨，把这部分弄得柔和一些，使肌肉的线条突出一点……"朋友不耐烦打断他的话："这些都是小节而已！"米开朗基罗很认真地回应朋友说："也许你可以这样说，但请你记着，将所有小节加起来，就是完美，而完美绝不是小节！"朋友多年后终于明白了：正是这种不放过一点瑕疵的精神，才会有那么多完美的作品在米开朗基罗的手下诞生。

26 岁的米开朗基罗载誉回到故乡佛罗伦萨，便立即从事《大卫》云石雕像的制作，3 年后完成，安放在佛罗伦萨美术学院，作为佛罗伦萨守护神和民主政府的象征。《大卫》的成功，使米开朗基罗成为当时最伟大的雕塑家，每当朋友问《大卫》栩栩如生的秘诀时，他却总是轻描淡写地说："大卫本来就在这块大理石之内，我只是将不属于大卫的石块凿掉罢了！"这句话给世人很多启迪。其实每个人的成功并非要改头换面、脱胎换骨，而只要将美好的"本来面目，呈现人前"，恰如其分地展现自己的优点即可。

米开朗基罗的成就使教皇的艺术总监极为妒忌，便唆使教皇暂不修陵墓，强人所难命令雕刻家去画西斯廷教堂天顶壁画。只是众人不知道，米开朗基罗的绘画功夫和雕刻造诣一样，也达到了很高的艺术境界，令世人折服，也令嫉恨者无语。为了画西斯廷的壁画，米开朗基罗一个人躺在18米高的天花板下的架子上，以超人的毅力和勇气画了4年零5个月，终于给世人留下了无与伦比的杰作——《创世记》。整个作品完成时，37岁的米开朗基罗已劳累得像个老人了。由于长期仰视，头和眼长久不能低下，连读信都要举到头顶。

他的另一个绘画杰作是《末日审判》。《圣经》上说，世界末日来临时，基督要做一次最后的审判以惩恶扬善。在这幅画面中间，基督举起右手即将发出最后的判决。米开朗基罗用了将近6年，还曾从脚手架上摔下跌断了腿，可他仍以刚强的意志完成了这幅气势雄伟的杰作。并借《末日审判》这个题材，酣畅淋漓地发泄了对人间丑恶的疾恨。

米开朗基罗不仅是热情如火的艺术家，还是奋战终生的爱国志士。他的作品无不洋溢着正义的激情，众多强健雄伟的艺术形象都充满了生气与力量，但也包含了悲剧色彩。这正表达了米开朗基罗追求自由追求解放的精神，和在那个时代无法实现理想的悲剧性生涯。1564年2月，89岁的艺术大师与世长辞了，但他的精神和他的美术作品一样不朽！

逐梦箴言

"我的肉体归黄土，我的灵魂归天堂，我的金钱归穷人。"这是米开朗基罗的誓言。不同于充满深邃智慧之美的达·芬奇的艺术，米开朗基罗的作品以力量和气势见长，具有一种雄浑壮伟的英雄精神。或许，他是一位最接近贝多芬境界的美术家。在他的雕塑上，在他的绘画中，一个个巨人般的宏伟形象挺立起来，就连他塑造的女性形象，也都具有刚勇的气概，仿佛是神话中的阿玛宗女子。米开朗基罗的人生是坎坷的，但他的天才、智慧和勇气，还有他的光荣与成就——都献给了全人类！

我的未来不是梦

《创世记》

　　米开朗基罗为罗马西斯廷教堂创作的巨幅天顶画，人物达300多个，分成中央和左右两侧3个部分，整个屋顶长36.54米，宽13.14米，平面达480平方米。作品场面宏大，人物刻画震撼人心，是米开朗基罗代表作之一。《创世记》共分《亚当的创造》《夏娃的创造》《逐出乐园》等9个场面。在这几幅大画的四周，又画了基督祖先和其他有关的故事。《创造亚当》是整个天顶画中最动人心弦的一幕：上帝飞腾而来，左臂围着几个小天使，手指伸向亚当，正要像接通电源一样将灵魂传递给亚当；而循着亚当的目光，则能找寻到夏娃的影子。这一戏剧性瞬间，将人与上帝奇妙地并列起来，可谓前无古人，后无来者。

米开朗基罗

■ 古典主义绘制圣母的光环

　　"文艺复兴三杰"的另一位,是意大利著名画家拉斐尔·圣齐奥,也是三杰中最年轻的一位。拉斐尔的画以"秀美"著称,画作中的人物清秀,场景祥和。他的性情也和他的画作一样,平和、文雅,成为后世古典主义者不可企及的典范。

　　1483 年,拉斐尔出生于意大利西北威尼斯和佛罗伦萨之间的一个小镇。父亲是宫廷的二级画师,虽然生活不很富裕,却家有贤妻,事业有成。他之前曾经有过两个孩子,但都夭折了,因此拉斐尔的到来令父母倍加激动,呵护有加,早晚祈祷他健康成长,并以意大利语中表示"天使"意思的"拉斐尔"来命名。拉斐尔从小也表现出极高的艺术兴趣与天分,在他还不会说话时,就喜欢拿着画笔当玩具玩,见着颜料就兴奋,这些都令父母欢欣不已。8 岁以前,父亲就开始教他作画,10 岁时就已教会拉斐尔所有的绘画技巧。为了提高儿子的绘画水准,父亲还不断带儿子四处拜师,并大力鼓励他探索自己的艺术风格。

　　拉斐尔 11 岁时父亲过世,他成了真正的孤儿,正式监护人变成他唯一的叔叔。叔叔视他如己出,先送拉斐尔到一位画家那里当助手,又转到佩鲁吉诺的画室,学习 15 世纪佛罗伦萨艺术家的作品,希望有朝一日他能完成父亲的遗愿,走上独创的道路。在这当中,拉斐尔从来没有遇到过达·芬奇和米开朗基罗那样的困境,更没有与权威人士发生过直接冲突。可以说,幸福童年造就拉斐尔温和的性格:他的一生是非常顺利幸福的,充满了温暖、爱护、肯定、自信、安全感。这些都是达·芬奇与米开朗基罗的一生所十分欠缺的。

在1504年，21岁的拉斐尔绘画了《圣母的婚礼》。此作品不仅充分吸收了老师佩鲁吉诺的艺术精华，而且后来居上，无论构图与形象塑造都有所创新。尤其是画面的平衡，背景的描绘，及圣母玛利亚的端庄、文雅，均为前辈画家作品中所罕见。这幅画的构图样式、环境和人物配置，皆模仿老师佩鲁吉诺画的《基督将天门的钥匙交给彼得》，人物造型除带有老师娴静优雅的风格特征外，开始显露自己独特的柔美风格。画面取对称式布局，背景是顶天立地的多边形洗礼堂充满天堂，视觉中心是代表神的意志的主教主持仪式，约瑟将订婚戒指戴在玛利亚的手上，左右两边分别是两组男女青年。画家巧妙地运用透视，使空间深远。画中无论男女，形象都塑造得俊美，作者大量使用变化多样的水平线、垂直线和半圆形曲线，造成刚中有柔、简洁明快、整体变化和谐的美感；人物的体态面貌、衣服的褶纹变化，则给人造成秀逸柔美之感。画家自己对这幅画很满意，第一次在上面签了自己的名字。

从此拉斐尔居留在佛罗伦萨，受当地的共和政治、民主精神和人文主义思想所影响，潜心研究各画派大师的艺术特点，并认真领悟，博采众长，尤其是达·芬奇的构图技法和米开朗基罗的人体表现及雄强风格，最后形成了其独具古典精神的秀美、圆润、柔和的风格，成为与达·芬奇和米开朗基罗鼎足而立的、"文艺复兴艺坛三杰"中最年轻的艺术家。

这期间，拉斐尔创作了大量圣母像，这些圣母像给他带来了巨大声誉。凡是拉斐尔画的圣母像，人们都争相观看，以饱眼福。他的圣母画得实在太美了，每一幅都不同凡响，观者为之流连忘返。他的圣母像的特点是：具有意大利民间女性的魅力，有着人间最能感同身受的母爱情调。以致几百年后欧洲各地流传着一句赞美女人的话："像拉斐尔的圣母一样。"他完成的圣母像的数量之多，迄今仍难以计数，都以母性的温情和青春健美而体现了人文主义思想，显露出非凡的天才。

26岁那年，他被罗马教皇尤利乌斯二世邀请绘画梵蒂冈壁画，其中位于签字厅的壁画《雅典学派》最杰出。这幅巨型壁画把古希腊以来的 50 多位著名的哲学家和思想家聚于一堂，包括柏拉图、亚里士多德、苏格拉底、毕达哥拉斯等，分别代表神学、哲学、诗学和法学这 4 个人类精神活动，以此歌颂人类对智慧和真理的追求，赞美人类的创造力。位居画面中心的柏拉图和亚里士多德，一个以指头指着上天，另一个则伸出右指指着他前面的世界，以此表示他们不同的哲学观点：柏拉图的唯心主义和亚里士多德的唯物主义。以他们两人为中心，两侧分别画出的一些著名学者，形象生动，丝毫不显得杂乱。作品表现与建筑装饰的充分和谐，庄重显明，丰富多彩。

另一幅画作《椅中圣母》，拉斐尔将圣母形象刻画得更加人性化，圣母上衣为红色，斗篷为蓝色，小耶稣的黄色上衣，与圣母衣着的红、蓝色构成了调和的三原色，从而强化了艳丽的色彩和画面的华贵。整幅作品构图完整，充分体现了拉斐尔无与伦比的绘画技巧。拉斐尔特别着意于圣母的目光，人们常说眼睛是心灵的窗口，通过一双眼睛可以窥视到画中人的灵魂。拉斐尔画中的圣母情深意长，关于这双动人的目光，有个传说：有一次画家从梵蒂冈出来，在门口廊柱下见到一位抱着婴儿的少女，酷似他的心上人芙纳蕾娜。看到她的目光令拉斐尔神魂颠倒，他满怀激情地拾起一块木炭，想把这动人的瞬间永驻在画布上。环顾四周，见到旁边有一只朝天的空桶，画家没加考虑，就跑过去把桶翻过来，在桶底上急速地画下这位多情而美丽的少妇。拉斐尔极善运用曲线塑造形象，这幅画从画幅圆形外框，到人物的组合、体态、衣着、褶纹都以长短不等的各种曲线构成，整个画面形象给观赏者以丰满、柔润与高度和谐的完美之感。

接下来的大型油画《西斯廷圣母》是拉斐尔最成功的一幅圣母像，是他怀着虔诚的心情谱写的一曲圣母赞歌。画面采用了稳定的金字塔形构图，人物形象和真人大小相仿，庄重均衡，画面背景全部用小天使的头像组成，构思新颖独到。圣母形象柔美圣洁，表现了母爱的幸福与伟大。在拉斐尔过去创作的圣母像中，总是极力追求美丽、幸福、完好无缺，更多地具有母亲和情人的精神气质和形象。而这幅画作则在更高的起点上，塑造了一位人类的救世主形象：她决心以牺牲自己的孩子，来拯救苦难深重的世界。没有丝毫艺术上的虚伪和造作，只有惊人的朴素，单纯中见深奥。画面像一个舞台，当帷幕拉开时，圣母脚踩云端，神风徐徐送她而来。初看丝毫不觉其动，但是当注目深视时，仿佛圣母正向你走来，她年轻美丽的面孔庄重、平和，细看那颤动的双唇，仿佛听到圣母的祝福。艺术史家高度评价这一杰作可与《蒙娜丽莎》媲美，都是人类文化艺术宝库中的稀世瑰宝。

拉斐尔不仅以描绘妇女与圣母像著称，人物肖像绘画也占一定地位，其中以《教皇利奥十世与两位红衣主教》最为典型，多人物出现在一个画面上的肖像画格式，为后来欧洲出现的群体肖像做出了范例。35 岁那年，新教皇利奥十世继位，也聘请拉斐尔为他歌功颂德绘制壁画。这是拉斐尔在去世前 3 年完成的一幅杰作，画上的 3 个形象呈垂直式端坐姿势，但脸部转侧的角度不同。光线是从右边射来，人物的受光范围不一样，从而构成了人物空间的深度感。主要人物是利奥教皇，从身上的猩红色披肩，到桌布的红色与桌上的书本杂物，红色被渐次地分成 4 个层次。教皇形象被刻画得较为细致，他手持放大镜，在阅读一本用细密画装饰起来的大手抄本，目光凝滞，两手自然地搁在桌边。据说，利奥十世对人文主义哲学很感兴趣，平时也爱从古典哲学中寻求真谛。拉斐尔似乎洞察这一切，以神来之笔把人物对经学与哲学矛盾的思索刻画得很透彻。之所以敬重这位教皇，拉斐尔是期望教皇能珍惜古代文物，不再像前任那样肆意破坏和掠夺。

拉斐尔人缘极好，为人谦虚，待人诚恳，只要在某地待上 5 分钟，就会有人来求画，对此拉斐尔很少拒绝。他的性情就像他的画一样四处受人追捧，艺术家们都把他当作成功的典范。然而，这样一位巨匠却在 37 岁生日那天猝死了！他的离世震惊了罗马城，上至教皇贵族，下至黎民百姓，无不为他英年早逝而悲痛万分。罗马人为拉斐尔举行了最隆重的葬礼，教皇还坚持把他葬在万神殿，这是绝无仅有的殊荣！

"如果我们想要更多的玫瑰花，就必须种植更多的玫瑰树。"拉斐尔的一生备受人们尊重，他不仅拥有绘画的天赋，同时更善于汲取他人之长，而后加以综合地创造。拉斐尔的一生虽然很短暂，却一直勤勉创作，给世人留下了 300 多幅珍贵的艺术作品。其作品博采众家之长，形成了自己独特的风格，是手法主义的代表人物，也代表了当时人们最崇尚的审美趣味。他的艺术，被后人尊为"古典主义艺术"，他的作品被尊为"创作典范"而享有盛誉。

知识链接

文艺复兴

13 世纪末在意大利佛罗伦萨各城市兴起，以后扩展到西欧各国，于 16 世纪在欧洲盛行的一场思想文化运动，带来一段科学与艺术革命时期，揭开了近代欧洲历史的序幕，被认为是中古时代和近代的分界。马克思主义史学家认为，是封建主义时代和资本主义时代的分界。其核心是人文主义精神。产生的根本原因是生产力的发展，资本主义萌芽的出现。代表人物："文学三杰"但丁、彼特拉克和薄伽丘；"美术三杰"达·芬奇、米开朗基罗和拉斐尔，等等。

◦ 智慧心语 ◦

1.笔墨亦由人品为高下。

——方薰

2.艺术家用脑，而不是用手去画。

——米开朗基罗

3.没有伟大的愿望，就没有伟大的天才。

——巴尔扎克

4.在油画的后面，跳动着画家的脉搏；在塑像之中，呼吸着雕刻家的灵魂。

——里尔夫

5.趁年轻少壮去探求知识吧，它将弥补由于年老而带来的亏损。智慧乃是老年的精神养料，所以年轻时应该努力，年老时才不至于空虚。

——达·芬奇

第三章

不屈的生命力

◦ 导读 ◦

　　"深窥自己的心,而后发觉一切的奇迹在你自己。"有人说,生命力的意义在于拼搏,因为世界本身就是一个竞技场,只有最顽强的种子,才能从最贫瘠的土地上唱响生命之歌;只有最不屈的小草,才能点缀出漫山遍野的绿色价值;只有最勇敢的人,才能通过最艰险的峡谷,走上坦途。因此,要以行为而不是以时间来衡量生命——只有内容充实的生命,才是长久永恒的生命!

■ 寻找批判现实主义的纤绳

　　烈日酷暑下,漫长荒芜的沙滩上,一群衣衫褴褛的纤夫拖着货船;一曲低沉的号子,在炎夏的闷热中与河水的悲吟交织在一起。11个参差排列、风餐露宿、饱经酷暑煎熬的纤夫,迈着沉重的脚步,默默地行进在无尽的道路上。领头的是一位年长的大胡须男子,一双深陷的眼睛正默默地注视着前方,饱经风霜的面孔中透露出岁月侵蚀下的坚毅和沉着;队伍中其他的人都埋头拉着纤索,唯有中间一位胸戴十字架、身穿红衬衣的少年痛苦地直起了身体,似乎正试图松开那磨破肩头的纤索,以摆脱令人难以忍受的痛苦;而走在队伍最后的那位低着头、垂着双手的纤夫,同少年形成了鲜明的对比,他也许对这种苦役般的工作早就习以为常,灵魂也随之而麻木了,只会毫无思想和感觉地顺从着命运的安排,就这样日复一日地走向人生的终点。

　　这样的情景,让人情不自禁地想起涅克拉索夫的诗句:"走在伏尔加河畔,在伟大的俄罗斯河上,那回响着的是谁的呻吟?这呻吟在我们这里被叫做歌声——那里拽着纤索的纤夫们在行进……"

　　这幅油画《伏尔加河上的纤夫》,如今收藏在俄罗斯普希金造型艺术博物馆。作者列宾运用现实主义的创作手法和高超的艺术技巧,塑造了11个纤夫的形象,他们年龄、身材、性格、体力、表情各不相同,展现的不仅是沙俄专制下普通民众奴役般的生活,更体会到了他们的智慧、善良和力量。这也正是列宾的独特创新之处,巡回画派艺术家以往的作品都是把

我的未来不是梦

人民当作同情、可怜的对象,而列宾在反映现实的同时,通过人物的神态和姿态来充分体现人民身上所蕴藏的巨大能量,给人以激励、震撼。

19世纪中期以后,俄国农奴制被废除,民主思想得到广泛传播,社会各阶层人民的觉醒意识迅速提高,俄罗斯文艺进入了辉煌时代。文学界的列夫·托尔斯泰、陀思妥耶夫斯基,音乐界的穆索尔斯基、柴可夫斯基等,都是引领一代风骚的人物。绘画上的巡回展览画派则是一支突起的异军。这个在先进美学思想影响下产生的批判现实主义流派,主张面向生活,提倡艺术家到人民生活中提取创作素材和吸收灵感,创造为人民大众喜爱、推进社会进步的作品。巡回展览画派自1871年举办第一届展览起,几乎每年举办一次,展览地区遍及俄罗斯各地,使各阶层人民都有接触艺术杰作的机会。《伏尔加河上的纤夫》正是在这样的历史背景中诞生的,这幅画的问世,标志着俄国批判现实主义的胜利,也奠定了列宾作为批判现实主义的泰斗,成为巡回展览画派的旗帜。

伊利亚·叶菲莫维奇·列宾,1844年出生在俄国哈尔科夫省一个普通的屯垦士兵家庭。父辈有过贩马经历,所以列宾自小与下层人民有过广泛的接触,不只一次亲眼目睹囚犯如何被驱赶着由此经过,这些印象成为他日后创作的素材。但列宾的绘画才能,受到了在画坊当学徒的表哥的影响,表哥时常给他带回一些纸张、颜料、画笔,耳濡目染,列宾逐渐对绘画着了迷,而且越画越出色。所谓"穷人的孩子早当家",由于贫穷,从少年时代起,列宾也像表哥那样,靠描绘肖像画和圣像画为家里挣钱糊口,这也培养了他勇敢坚韧的性格。

1861年深秋,列宾刚过完17岁生日,一位镀金师傅找到他,希望能够两人结个伴儿,外出干上一个冬天的活儿,给家里增加些收入。列宾毫不犹豫地答应了。两个人走村串乡,为教堂描绘圣像,活儿很苦很累,可最后每人每月只能挣到十几个卢布,劳动与付出根本不成正比,列宾深刻体会到什么叫"不公平"。而在卡敏卡村时,老板尼库林先安置好了镀金师傅,接着又把列宾领进一间空荡荡的大屋子,说:"小师傅,你就住这儿吧!"列宾环视了一下屋内,只见桌上、地上布满了尘土,墙上的蜘蛛网结成了连环扣。更刺眼的是,墙角里还放着一口乌黑的棺材,给人一种阴森恐怖的感觉。

一位女仆悄悄告诉列宾,这口棺材一度曾装过一位老太婆。她现在已经活过了 100 岁。15 年前,老太太得了一种急病,人们以为她死了,举行完添油仪式后就把她装进了棺材。谁知这时,老太太蓦地从棺材里爬了出来,把周围的人都吓跑了。从此,这间屋子再没人敢进去了。听完故事,列宾反而笑了,满不在乎地说:"这有什么可怕的? 我在这儿住定了!"说罢,就打扫起房间来了,然后每天都守着空棺材吃饭、睡觉,看不出一点害怕的样子。女仆很是吃惊,逢人就说:"这孩子真是吃了豹子胆啊,将来肯定能成大事! "

正是凭着这股顽强的毅力,23 岁的列宾成功考入圣彼得堡皇家美术学院,接受系统正规的技法训练,打下了坚实的素描和油画基础。同时受到当时俄国革命民主主义思想的影响,于是列宾开始以自己的画笔,来反映俄国的社会现实生活。

最先引起列宾同情和关注的,是圣彼得堡涅瓦河上纤夫的沉重劳动,每每看到他们沉重的脚步,听到那震动人心的号子声,列宾就难以扼制悲痛,一张表现纤夫劳动的作品在脑海中萌芽。26 岁那年的夏季,他到伏尔加河流域旅行写生,当地衣衫褴褛的纤夫们用最原始的方式拉着逆流而上的货船,无休止地在伏尔加河畔迈步前行。这苦役般的生活场景,更加深了列宾的感受,他开始深入到纤夫们的生活中,与他们交流,同他们交朋友,倾听他们诉说自己的故事,并且通过大量的写生和速写来记录眼前看到的真实。为了进行更加准确客观的描绘,列宾多次观察纤夫拉纤的场面,并在人物形象及色彩表现方面进行了不倦的探索,最终用 3 年的时间完成了旷世之作《伏尔加河上的纤夫》。该画不仅揭示了现实的矛盾,同时肯定了社会的积极力量,使俄国风俗画增添了新的语言。

"纤夫"其实就是劳动人民的"典型"。人们在这幅油画中,第一次看到最普通的劳动群众也可以成为出色的艺术典型, 俄国绘画以此为标志跃上了现实主义的新台阶,列宾这个名字也进入了世界最杰出油画大师的

我 的 未 来 不 是 梦

行列。接下来的《萨坡罗什人》,也是他以顽强的毅力和卓越的艺术天才创造的不朽力作。这幅油画依据的是乌克兰民间传说:土耳其苏丹来信提出要萨坡罗什人信奉回教,并强求与他们一起反对俄国。热爱自由的英勇善战的萨坡罗什人坚决拒绝,以嘲笑斥之。这些普通人的行动,是通过蔑视敌人来揭示的。列宾为创作好这幅油画,认真阅读乌克兰的历史,了解传说的时代背景,同时,又游遍了和这一事件有直接关联的地区,熟悉那里人们的服装、面型、体态等,除画了不少速写和素描外,还做了不少人像的泥塑。列宾呕心沥血 12 年,一再易稿,对创作进行不断的修改和补充,力求做到精益求精。

列宾的创作中始终跳动着时代的脉搏,同时他本人也与进步的革命民主主义者、知识分子保持着密切的交往,因此他绘制了许多以反映"革命者不屈斗争"为题材的优秀作品。描绘流放者突然回家场景时的《意外归来》,可以说是家喻户晓。这幅油画就像是一部小说,向人们讲述一个革命者被流放后经受了怎样的痛苦,家人是多么的悲伤,以及流放者不期而至后的意外、兴奋。这是列宾创作鼎盛时期的一幅作品,他的绘画天赋在该作品中得到了集中的体现。归来的"流放者",个子高高的、瘦瘦的,身穿褪色肥大的大衣,脚上是沉重的沾满泥土的靴子,他是经历了长途跋涉才得以与亲人相见,他的姿态有些犹豫,甚至有些不自信,似乎在这久违的家中他觉得自己像个外人,但他的神态却透出坚毅、勇敢。从流放者身上我们感觉到了革命者不屈不挠的英雄主义精神。

列宾所处的时代,是俄国历史上最恐怖、最黑暗的时代,在歌颂当时革命英雄的同时,他还通过"历史事件"为痛苦的悲剧寻找出路。其中《伊凡雷帝杀子》最具代表性,这是发生在 16 世纪的一个历史悲剧:伊凡雷帝是俄国历史上第一位沙皇,听信谗言,怀疑儿子篡位而将其杀死。画家选择这一悲剧情节精心描绘,一方面预示残暴的沙皇注定要失败;另一方面,也展现出人性和兽性交织在一起的复杂性。列夫·托尔斯泰观看了这幅作品后感慨道:"好,太好了,技艺那么巧妙,又不露痕迹。"

列宾认为灵感不过是对辛勤劳动的一种报酬,因此一生不知疲倦,勤于艺术探索与创作实践。他对艺术的要求非常严格,近乎于苛刻,"不应该是那样的!"成了他对待自己作品的口头禅。晚年的时候,右手因为疾病而逐渐干瘪乃至失去工作能力时,列宾并没有消沉和放弃,而是以不屈的精神勇敢面对挑战——把调色板用绳子吊在自己的脖子上,用左手继续从事绘画。这种对艺术的巨大热情,似乎不但可以克服衰老,甚至可以战胜死亡。

伟大的现实主义作品,其审美价值是长久的,具有永恒的生命力。作为俄国绘画史上最负盛名的画家,列宾传达出独特而深刻的批判精神,标志着俄国批判现实主义的高峰。他在充分观察和深刻理解生活的基础上,以其丰富、鲜明的艺术语言创作了大量的历史画、肖像画,画作之多,展示当时俄国社会生活之全面,是任何一个画家都无法与之比拟的。

逐梦箴言

列宾保持数十年如一日强烈的工作激情和创作欲望,无论身处何处,那里的人和景物都会被速写记录上。他捕捉到生活中的每一朵浪花,挖掘生活中的每一条潜流,研究它们的真正底蕴。正是这种对艺术执著不悔、勇往直前的精神,在《查波罗什人给土耳其苏丹写回信》的艺术符号里得以充分展现。永恒的东西不是表面的、特殊的、个人的,永恒的东西必然是本质的、普遍的、非个人的。高尚的精神是列宾作品的灵魂,高超的绘画技巧给列宾的作品赋予雕塑般坚硬的外衣,所以它们必将成为人类文明经久不衰的经典艺术!

我的未来不是梦

知识链接

批判现实主义

19世纪在欧洲形成的一种文艺思潮和创作方法,是现实主义传统的继承和发展。代表作家有法国的司汤达、巴尔扎克,英国的狄更斯,俄国的托尔斯泰等;代表作品有《红与黑》、《人间喜剧》、《艰难时世》、《复活》等。正式提出批判现实主义并给它下定义的是高尔基,高尔基称它为"19世纪一个主要的,而且是最壮阔、最有益的文学流派"。此外,福楼拜、梅里美、左拉、莫泊桑、都德、小仲马、罗曼·罗兰、夏洛蒂·勃朗特和盖斯凯尔夫人等,也加入到批判现实主义作家的行列。马克思称他们"在自己的卓越的、描写生动的书籍中,向世界揭示的政治和社会真理,比一切职业政客、政论家和道学家加在一起所揭示的还要多"。

列宾的《伏尔加河上的纤夫》

■ 高贵的单纯，静穆的伟大

　　让·弗朗索瓦·米勒是法国近代绘画史上最受人民爱戴的农民画家。他以乡村风俗画中感人的人性在法国画坛闻名，将全部精神灌注于永恒的意义，给予万物所归的大地雄壮又伟大的感觉与表现。米勒那纯朴亲切的艺术语言，是公认的农村生活的庄严史诗，他用画笔和颜色表达了农民对土地的依恋，也揭示了人类围绕土地而争斗的喜悦与悲哀。人们称米勒是"乡巴佬中的但丁，土包子中的米开朗琪罗"。

　　1814 年，米勒出生于法国诺曼底半岛格鲁什村，耕农家庭之子。童年时曾帮助父亲在田间劳动，因父母忙于田里工作，祖母是他从小最亲近的人。祖母经常讲些宗教的故事给他听，所以米勒从小就对奇异的故事好奇；他特别喜欢读书，每当翻开古旧的书，都会被书中美丽的图画所吸引。米勒惊奇地欣赏着这些画，跃跃欲试，一有机会，便拿起木炭在纸上作画。由于当时家境并不富裕，懂事的米勒不想花钱买画笔，因此都是利用树枝烧成的木炭练习画画的。起初，他只是随手乱画，但由于持之以恒，不久之后他的画就几乎和原版一样了。

　　青年时代，米勒种过田，对土地拥有热烈的感情。23 岁时，他怀着对绘画的美好追求来到巴黎，师从于画家德拉罗什。然而，画室里的同学都瞧不起他，笑他是"土气的山里人"，有什么资格来谈艺术？就连老师也看不惯米勒，常斥责他说："你似乎全知道，但又全不知道。"言外之意是嘲笑米勒对绘画根本就是一窍不通。这样的境遇让米勒开始厌恶巴黎，厌恶那些以貌取人的势利人；他甚至觉得，整个城市简直就是杂乱荒芜的大沙漠，只有卢浮宫才是艺术的"绿洲"。

米勒在巴黎贫困潦倒，亡妻的打击和穷困压得他透不过气来。为了生存，他用素描去换鞋子穿，用油画去换床睡觉，还曾为接生婆画招牌去换点钱，为了迎合资产者的感官刺激，他还画过庸俗低级的香艳体绘画。有一次，米勒听到人们议论他说："这就是那个除了画裸体，别的什么也不会画的米勒。"这样的话令米勒伤透了心，开始重新审视自己的人生，审视这个社会。回顾走过的路，作为一个农民的儿子，米勒时刻希望能用画笔描绘法国农民纯朴而勤劳的形象，那才是他的真实梦想啊。从此后，他下决心不再迎合任何人了，再苦再难也要坚决走自己的艺术道路。

1848年，米勒画了一幅《簸谷子的女人》，卖了500法郎。此时听闻，画家卢梭和狄亚兹已经在巴黎郊区的巴比松村安家，米勒十分向往那样的田园生活。第二年正遇上巴黎流行黑热病，米勒毅然背着简单的行囊，携家迁居到巴比松村，迈出了一生中最重要的一步。这个农民的儿子终于又回到了农村，望着那儿的树木和田野，他高兴地喊着："啊，上帝，这里真美呀！"又呼吸到土地的芳香，又听到了森林的喧嚷，童年时神往的一切重又呈现在眼前。这时米勒已35岁，在这个穷困闭塞的乡村，一住就是27年之久。他早起晚归，上午在田间劳动，下午就在不大通光的小屋子里作画，生活异常困苦，但这并没有减弱他对艺术的酷爱和追求。米勒爱生活、爱劳动、爱农民，他认为无论如何，农民这个题材对于他都是最合适的。

于是，以卢梭和米勒为代表的、欧洲美术史上声名卓著的"巴比松画派"就这样形成了。此后的27年，是米勒一生中创作最为丰富的时期，创作了许多法国人民家喻户晓的名画。被美国波士顿美术馆收藏的《播种者》，正是一幅人与大自然关系的壮丽图景：苍凉的麦田里，播种者阔步挥臂，撒播着希望的种子。飞鸟在空中盘旋，寻觅食物，掠夺播下的种子。米勒从来没有画过农民反抗的场面，这也许是由于他温厚人道的精神所致。但他画的胖手胀足、粗衣陋食的劳动者形象，实际上就是对纸醉金迷、灯红酒绿的上流社会的一种抗争。虽然这种抗争是较温和的，但同样引起了

"高等市民"的不安,因为他们在播种者充满韵律感和强有力的动作中,看到了类似六月革命时巴黎街头人民的形象。

《晚钟》一画,则深刻地反映了一种复杂的农民精神生活:画面上,夕阳西下,一天辛勤的田野劳作结束了。一对农民夫妇刚听到远方的教堂钟响,便自然而然地、习惯地俯首摘帽祷告。米勒着重描绘人物对命运的虔诚。在充满黄昏雾气的大地上,立着两个农产品的创造者,他们感谢上帝赐予他们一天劳动的恩惠,并祈求上帝保佑。所谓的恩惠,就是农妇身旁小车上的两小袋马铃薯!人物在画上孤立无援,充分体现了农民那种逆来顺受、随遇而安的性格。简陋的生产工具,左侧一把挖马铃薯的铁杈,两人中间一只盛物的破篮子,除此以外,只有他们身上那件褴褛的袄衫。米勒倾注全部心血去刻画萧瑟氛围,让它来笼罩这对可亲可怜的劳动夫妇的形象,寄托对农民生活境遇的无限同情。暮色沉沉,农夫脱帽少妇合掌祈祷,黄褐色调庄严温暖,地平线与人物恰好组成两个端肃的十字——"高贵的单纯,静穆的伟大"。

米勒由于自身的体验,感受到贫苦劳动者的辛酸与痛苦,所以他从不虚构画面的情景,每一幅画都是从耕耘着、放牧、劳动着、生活着的法国农民的真实生活中来的。凭借这种质朴和真实,凭借对艺术的执著追求,米勒的作品逐渐在法国画坛引起反响,同时又在一次次的争议中被拒绝。直到 1867 年巴黎博览会上,他第一次获得社会的承认,人们终于认识到米勒艺术的真正价值。

1875 年 12 月 22 日,米勒在巴比松逝世,享年 61 岁。天才和不幸往往在人的命运中伴生,米勒的一生物质生活极为窘迫,有时甚至几幅作品仅换得一双小孩子的鞋;而在多年后,法国为购回《晚钟》一画,竟然花了80 多万法郎。

　　米勒用淳厚的目光，真诚的心灵，发现了平凡劳动者的诗情画意。不过，他笔下的农夫并不是天国中的亚当和夏娃，而是疲惫、穷苦、终日操劳的贫困者，衣衫褴褛，肌肤黝黑，佝偻的身躯，粗大的手掌，这便是米勒的美学，这便是米勒要为之讴歌的法兰西农民的形象。米勒曾经被嘲笑，被否定，但最终他坚持了自己的梦想和风格，坚持不懈走自己的艺术之路。他日复一日如农民一般耕耘，在田园中谱写出最诗情画意的乐章！

知识链接

巴比松画派

　　法国19世纪的风景画派，厌倦都市活动，信奉"回归自然"，卢梭为其领袖。巴比松位于法国巴黎枫丹白露森林进口处，风景优美。19世纪30-40年代，一批不满七月王朝统治和学院派绘画的画家，陆续来此定居作画，形成画派。它不仅以写实手法表现自然的外貌，并且致力于探索自然界的内在生命，力求在作品中表达出画家对自然的真诚感受，以真实的自然风景画创作否定学院派虚假的历史风景画程式，揭开19世纪法国声势巨大的现实主义美术运动的序幕。

■ 疯狂热情的明暗幻想

手法主义风格始于佛罗伦萨，鼎盛于威尼斯，丁托列托是威尼斯手法主义艺术的代表人物。而且，丁托列托还是意大利文艺复兴晚期最后一位伟大的画家，和提香、委罗内塞并称为威尼斯画派的"三杰"之一。

丁托列托原名雅各布·罗布斯蒂，1518 年出生于威尼斯，父亲是染匠。他是父亲的长子，因此获得一个绰号"丁托列托"，意思是小染匠。他从小就有绘画天赋，经常在染坊墙上涂画，而且惟妙惟肖，栩栩如生。父亲注意到儿子的才能，便送他到提香的画室做学徒，希望他将来在绘画领域有所建树。但仅过了 10 天，提香认为丁托列托的才能完全可以自成一家，而不用再做学徒这么简单，便把他送回了家。从此以后，两人始终没有任何接触，丁托列托仍然非常欣赏提香的作品，但提香从来没有和他成为朋友。

这样的理由，无论是代表认可还是拒绝，最后都化为丁托列托前进的动力，促使他把绘画热情投入到自学中，努力实现最初的梦想。他在自己的画室，书写上米开朗基罗的设计和提香的色彩，立志以他们二位为学习目标，并取其精华加以融合，直到形成自己的绘画风格。丁托列托从模仿米开朗基罗的雕塑入手，用蜡或黏土复制雕像，放到一个木盒中，通过一个小孔用蜡烛照明，研究它的远近和深度、空间感及光的效果。不过，相当长时间过去了，丁托列托也没有接受到任何一份委托，因为对一个名不见经传的他来说，很难得到大家的信任。但丁托列托并不气馁，仍然夜以继日地工作,没有人委托,他就先作自画像,然后还找来弟弟做模特,画得精致而传神。渐渐地,终于开始有人注意到他,偶尔也会有人请他作画。

28岁的时候,丁托列托为威尼斯的菜园圣母院绘制了3幅著名作品,虽然酬金不多,但终于有了展示的平台,让他一举成名。后来,街道圣马可学院经过反复考核,决定让他绘制《在亚历山大发现圣马可尸体》、《将尸体运回威尼斯》、《圣人将信徒从他不洁的灵魂中招回》和《奴隶的奇迹》。这4幅画作是丁托列托艺术生涯的关键转折,使他获得盛誉,连提香都在背后心悦诚服地称赞,从此"丁托列托"的名气越来越响亮。

丁托列托将米开朗基罗和提香的两种特色结合得很成功,在他的素描里,丝毫没有米开朗基罗的印记,而他的色彩也根本不像提香的风格。他善于通过多视点强化透视效果,营造戏剧化构图,其画面色彩充满幻想,光线闪动不定,人物动作夸张,往往呈现超乎寻常的短缩形体。在肖像画上,丁托列托增添了更明亮的光彩和更深刻的心理暗示,喜欢捕捉人物面部表情和身体动作在某个瞬间所流露的情感与心灵世界。他的作品在继承传统中又有创新,在叙事传情方面突出强烈的运动,且色彩富丽奇幻,在威尼斯画派中独树一帜。

1571年,威尼斯共和国总督为纪念对土耳其作战的胜利,征集以"雷朋特海战"为题的作品,丁托列托带着自己完成的作品去应征,虽被选中,但遭到同行们的非议,因为一般均以草稿应征,丁托列托这样做被认为是不道德的。后来,总督府遭到火灾,丁托列托的画被毁,那些同行们被嘲笑说这是惩罚他的"不道德"行为。不过丁托列托并不在意,反而由于技艺出众,接到了不少订单。其中为会议大厅制作的壁画《天堂》,宽22米,高7米,色彩华美很有气魄,是欧洲画史上罕见的大幅布面油画,和米开朗基罗的《末日审判》一起,可以说是世界上最大的壁画。

写实、准确的造型是丁托列托艺术的基础,他忠实地观察客观世界,认真地研究一切客观物象。他的人体画都经过实际的写生,变化多种姿势,细心琢磨;作为辅助手段,他用蜡或黏土做好小雕像,并加上衣服,使衣服褶纹显示出来。因此,丁托列托的画真实感很强,但又不同于真实景象的写生，而有相当多的虚幻成分。这种虚幻的效果，很难确定是日光还是夜光，既运用明暗法来帮助刻画人物的心理，还用奇异的光加强画面的梦幻、神秘的气氛。

丁托列托性情刚烈，留下这样一个故事：有一次，一个弟子把画卖给了商人，但买主觉得价钱太高，因此想请丁托列托看一下；到了他的家，丁托列托看了那幅画，没想到火冒三丈，就打了弟子一耳光。商人大吃一惊，既而又很高兴，以为这样一定可以用很贱的价买到手。哪知丁托列托怒斥说："傻瓜！你怎么把这样好的画卖得这样贱！"如此一来，不仅表明了自己的态度，也令那个商人哑口无言，又心甘情愿购买了丁托列托的其他几幅画作。

丁托列托的一生比较平静安和，无大起大落，几乎全在威尼斯度过，只有两次短暂离开故乡：一次是 1545 年去罗马旅行，另一次是 1546 年接受曼图亚的贡沙加侯爵召见。他没有攀附豪贵，或者受到权贵们的青睐，因而他的艺术较少有富贵光华的特点，而含有更多的民主主义色彩。

逐梦箴言

"无论何事，只要对它有无限的热情，你就能取得成功。"丁托列托一生无特殊嗜好，对生活的欢乐和财富的占有欲都很淡漠，但终日画画，脑子里充满各种艺术构思。他的恢弘风格被称为"疯狂热情的"，戏剧性地利用透视和光线效果，使他成为巴洛克艺术的先驱。凡事皆有终结，因此，热情和执著是赢得成功的一条途径，只要肯攀登，一路上便会采撷到别样的风景！

知识链接

提香·韦切利奥

1490–1576,被誉为西方油画之父。是意大利文艺复兴后期威尼斯画派的代表画家。早期作品受拉斐尔和米开朗基罗影响很深,更重视色彩的运用;中年画风细致,稳健有力,色彩明亮;晚年则笔势豪放,色调单纯而富于变化。代表作《纳税人》、《圣母升天》、《爱神节》等,能揭示人物内心世界。在油画技法上对后期欧洲油画的发展有较大影响。

保罗·委罗内塞

原名叫保罗·卡尔亚里,意大利威尼斯画派画家。兼收提香、米开朗基罗、拉斐尔等人的精华,自成一家,绘画充满世俗生活情趣,偏重装饰趣味,在写实传真的基础上,以豪华的场面、众多的人物和富丽的色彩取胜。代表作如《威尼斯的凯旋》、《利末家族的宴会》等。他从不屈服于教庭,同时很注重绘画的装饰性,对后来的巴洛克绘画的形成与发展有一定的影响。

■ 天真纯朴的温情和乡愁

"即使来到巴黎,我的鞋上仍沾着俄罗斯的泥土;在迢迢千里外的异乡,从我意识里伸出的那只脚使我仍然站在滋养过我的土地上,我不能也无法把俄罗斯的泥土从我的鞋上掸掉。"这段充满浓浓乡愁情结的话语,来自白俄罗斯裔法国画家夏加尔,他一生追求天真纯朴,几乎工作到生命的最后一刻。

马克·夏加尔,1887 年生于俄国西部距法国不远的小城捷布克斯,早年的犹太人习俗是他根深蒂固的想象之源。他的作品依靠内在诗意力量而非绘画逻辑规则,把来自个人经验的意象与形式上的象征同美学因素结合到一起,色彩鲜艳,别具一格,每每把犹太民间传说融入作品,并从自然界天真朴实的形象中汲取素材。夏加尔曾经说过:"如果我不是一个犹太人的话,那么我就决不会成为一个画家,可能成为一个和今天的我完全不同的人⋯⋯我在生活中的唯一要求不是努力接近伦勃朗、戈莱丁、丁托利克以及其他的世界艺术大师,而是努力接近我父辈和祖辈的精神。"从俄国乡下犹太居民到法国巴黎,历经立体派、超现实主义等现代艺术实验与洗礼,夏加尔发展出独特个人风格,在现代绘画史上占有重要的地位。

夏加尔的父亲是一个鲱鱼仓库的普通工人,母亲开小商店谋生。家里一共 9 个孩子,经济状况很寒酸,只是未达到一贫如洗而已。从这样的家庭环境中,夏加尔获得了一生取用不尽的宝贵财富,那就是以大量的俄国和犹太民间故事为背景的文化传统,让他拥有了与众不同、童话般的幻想感觉，在日后的艺术创作中无处不显露出它们的存在。小夏加尔聪明伶俐，父亲一心想把他培养成"拉比"，做犹太人中有学问的老师和智者。就这样，夏加尔在16岁以前，一直在学习犹太经典。但经典掩盖不住天赋，他对绘画有特殊的兴趣，并表现出敏锐的观察力，当母亲注意到这一点后，就果断地让他去学画画。在学了几个月后，夏加尔突然发现，教他的老师反而不如他自己画得好，便征求父母的同意，离开家乡小城，到圣彼得堡寻找更广阔的学习天地。

23岁那年，夏加尔得到一位赞助人提供的生活费，前往巴黎，有机会结识一些绘画大师和青年画家。在这里，几乎每一种绘画的大胆尝试都受到鼓励，夏加尔也在大家的激励下，迅速展开富有诗意而又似乎不合情理的独特风格，放弃了在家乡时经常使用的阴沉色调。在法国巴黎这4年，是夏加尔的黄金时期，创作了《七个手指的我》《我和我的村庄》《从窗口见到的巴黎》等画，所用的颜色虽然偶尔很浅，但已开始具有错综复杂和交相辉映的最终特性。形象往往稀奇古怪，常上下倒置，任意放在画布的某个地方，产生的效果有时类似电影蒙太奇，并显然故意使其能暗示出幻梦的内容；主要人物常常是风流英俊、一头卷发、面孔颇像东方人的青年画家自己。对儿童时代和对维捷布斯克的回忆，已经是他构思的主要源泉之一，给德国表现主义集团留下了深刻的印象。

逆境是磨炼意志的最好大学。几年后，当夏加尔再次返回自己的故乡时，正赶上第一次世界大战爆发。他起初热烈拥护革命，出任维捷布斯克地区艺术人民委员，着手在当地创办美术学院和博物馆的宏大计划。但是，在两年半的紧张活动中，见到美学上和政治上的争吵日益加剧之后，他放弃工作选择漫游天下，坚持不懈地绘画和创作，从而确立了现代巨匠的声誉。第二次世界大战爆发后，纳粹对整个欧洲犹太人的迫害越来越严重，他不得不一再向南移动避难。在随后的几年中，夏加尔依然没有放弃绘画，反而继续发挥他已经用过的主题，在妻子离世后悲痛万分，以回忆综合体的形式完成了名为《在她周围》的大型作品，用丰富的色彩和流畅的画笔，"在最佳作品中，达到了现代艺术界很少有人能望其项背的视觉隐喻的水平"。

在异乡漂泊的日子,夏加尔不忘记故乡的同时,又热爱上了巴黎。他充满诗意地创作出一系列绘画作品,赢得了法国对他表示的尊敬,在巴黎卢浮宫成功地举行了回顾展。巨大的花束、悲哀的小丑、私奔的情人、奇异的动物、圣经的先知和屋顶小提琴演奏者等一大批形象,使得夏加尔成为20世纪巴黎卓越革新家中最受欢迎的人物。

逐梦箴言

夏加尔是位高产画家,是游离于印象派、立体派、抽象表现主义等一切流派的牧歌作者。作品范围包括绘画、镶嵌画、舞台设计、织锦画等,许多公共建筑物如巴黎歌剧院及纽约联合国总部等,都有他的作品。由于战争和种族歧视,夏加尔被迫远走他乡,但却一生也没有放弃绘画梦想,其作品遵循一种永恒的、可以适用于任何时代、任何社会的主题,能使人联想到生活本身的持续性。他的风格兼有老练和童稚,并将真实与梦幻融合在色彩的构成中,顽强的毅力和持之以恒的精神,值得后世敬仰和学习!

知识链接

关于《生日》

1915 年 7 月 7 日,28 岁的夏加尔生日那一天,他的爱人贝拉手捧着生日蛋糕和鲜花,轻轻走进他的画室。画家被突如其来的惊喜感动得大跳起来,回头搂住爱人——这就是名作《生日》的内容和缘起。90 年后,这幅色彩浓厚的作品来到上海博物馆,作为本次展览中最具盛名的作品,保价在 2500 万美元(约 2 亿元人民币)左右,几乎占整个展览所有保额的一半。《生日》是夏加尔最典型的代表作,和贝拉的浪漫爱情一直是他的创作主题,而那梦幻般的意境则成就了夏加尔的独特风格。

我的未来不是梦

智慧心语

1.生命在闪耀中现出绚烂,在平凡中现出真实。

——伯克

2.谁能以深刻的内容充实每个瞬间,谁就是在无限地延长自己的生命。

——库尔茨

3.无论掌握哪一种知识对智力都是有用的,它会把无用的东西抛开而把好的东西保留住。

——达·芬奇

4.很多人都说我的画是诗的、幻想的、错误的。其实相反地,我的绘画是写实的。

——夏加尔

5.如果你问一个善于溜冰的人怎样获得成功时,他会告诉你:"跌倒了,爬起来。"这就是成功。

——牛顿

第四章

开拓创新之路

◎导读◎

　　"人事有代谢,往来成古今。"创新者是披荆开路的勇士,是浪尖上的弄潮儿,是时代的精英。想象力和创造力是人类社会发展的实在因素,在某种程度上,想象力和创造力比知识更重要,因为知识是有限的,而想象力概括着世界的一切,创造力推动着进步,并且是知识进化的源泉。因此说:知道事物应该是什么样,说明你是聪明的人;知道事物实际是什么样,说明你是有经验的人;知道怎样使事物变得更好,说明你是有才能的人。

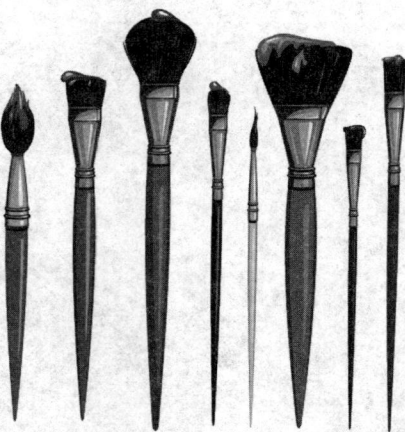

挑战传统回归现实的马奈

　　法国画家爱德华·马奈,于 1832 年生于法国首都巴黎,是公认的现代艺术创始人,印象主义的先师,推动现实主义向印象主义转变的关键人物。马奈的早期力作,以反传统的题材与用色,为他招来社会上的千夫谩骂,也使一批勇于创新的年轻画家聚集在他的周围。这个时期的代表作《草地上的午餐》和《奥林匹亚》,标志着现代艺术的诞生;他最后的重要作品《牧女路叶子戏院的酒吧》,细节切实,画面鲜活,色彩生动,展现出深厚的造诣。

　　马奈恐怕是第一位以"沙龙落选画"大大出名的画家,在接受大众两极化评论的同时,仍然坚持自己的风格继续绘画。除了画相当多的知名人士之外,他也画巴黎小酒馆、静物等比较普通的主题。相对于学院派完美而细腻的画风,马奈粗犷的风格与摄影式的灯光利用,对文艺复兴时期的作品是一个挑战,被认为是"早期现代"。在绘画领域的这一创新之举,是马奈的一大功劳,后来有很多画家开始追随其绘画理念,努力探求新的艺术表现手法。这些在当时被讽刺为"马奈帮"的画家,就是西方印象主义画派的探路者,马奈则是开启了现代绘画之门的启蒙者。

　　爱德华·马奈出生于一个富足家庭,父亲是巴黎法官。小时候受到舅舅的影响,对绘画非常感兴趣,舅舅便经常鼓励他坚持自己的爱好,还常常带他到卢浮宫去参观。在舅舅的建议和帮助下,少年马奈参加了一个特殊的绘画班;但也因此引起父母的强烈反对,不允许他再学习画画。父亲

我的未来不是梦

采用另一种方式，企图让马奈忘掉绘画，那就是送他去做水手，希望有朝一日自己的儿子能成为海军军官。正是这段水手生活，恰恰为16岁的马奈开阔了视野，见识到大自然的魅力，从而更加激发了他的创作热情。一有时间，马奈就拿起画笔，根本没有心思进行海军训练，理所当然地，两次海军正式考试都未能通过。父亲失望之余，不得不勉强同意了马奈的意愿，送他到巴黎古典主义画家托马斯·库蒂尔的画室，接受正规的艺术教育。

6年多的绘画学习，马奈依靠勤奋的努力和绘画天赋，打下了最扎实的基本功，而且他不再满足于仅仅模仿前人的画风，逐渐表现出其强烈的个人风格，受到师生们的注意和好评。在这期间，他常到卢浮宫观摩历代大师作品，并游历德国、意大利、荷兰和比利时，以独立自主的见解，获取了在画室中难以得到的真正清新厚实的艺术修养。

马奈热情奔放，不受拘束，追求独立自由，反对保守，同情进步，维护共和主义，具有自发革命意识。青年时代，他参加过革命暴动和国民自卫军；在巴黎公社起义时期，被选为公社艺术家联盟委员；当他把全部渴望自由的生命和热情转向艺术时，终于在绘画中开辟了一个新时代。当他的画作首次在沙龙中露面时，具有古典造型基础，又有明亮鲜艳、光与色的整体表现，保持着形象的真实感。虽然没有受到观众的喜爱，却得到沙龙一小部分评委的好评，在一定意义上正好提高了马奈的知名度，也更坚定了他创作的信心。

由于希望得到官方的承认，马奈从1859年开始定期将画作送给沙龙评审委员会审查。他参加沙龙的运气时好时坏：有时他成功地被接受，如作品《弹吉他的人》；有时又被轻蔑地拒之门外，如《吹短笛的男孩》。后来，马奈举行了一次个人作品展览，以此同拒绝接纳他作品的官方沙龙进行对抗，以证明自己"只不过是要做自己，而不要做某一个别人……"

真正引起关注，是在1863年画的《草地上的午餐》。这一画作题材与当时的学院派原则相悖，当时的绘画几乎不直接表现尘世生活，而马奈却从题材到画法上都对传统绘画进行了革新。画中的色块鲜艳明亮，不同于传统绘画的精细笔触,《草地上的午餐》引起了一场轩然大波,并遭到拿破仑三世的强烈攻击。据说,法国皇后欧仁妮在经过这幅画时,还给了它一把扇子,评价《草地上的午餐》简直是"厚颜无耻"。然而,这幅画如今被公认为艺术史上第一幅现代绘画作品,知名度甚高。

随后,马奈再次挑战了传统的绘画框架。"无耻到了极点"——当马奈的《奥林匹亚》于1865年出现在大众面前时,评论界发出了一边倒的攻击声。其实在文艺复兴时期,《维纳斯的诞生》等名作中,因为画中的女性被冠上了"圣女"的名字,所以具有一重神圣而不可侵犯的意义。马奈拒绝这样的虚伪,他画中的女性都是生活中普通的真实人物。但往往越是真实的,反而越不容易让人们接受。甚至于军乐队中《吹短笛的男孩》,亲切如邻家小孩的《持佩剑的少年》,和手里端着碗《吹泡泡的少年》,这些洋溢着生活气息的画作,曾经也都被视为离经叛道的肤浅之作。但官方沙龙的拒绝,并不能阻止《吹短笛的男孩》普遍受到好评,大多印象派画家很少以军队为主题,这幅画是马奈对传统观念的又一挑战。

所有的非议和责难,都无法影响马奈的创作热情,他大胆采用鲜明色彩,舍弃传统绘画的中间色调,将绘画从追求三元次立体空间的传统束缚中解放出来,朝二元次的平面创作迈出革命性的一大步。直到1879年,美术界才对他的画作渐渐趋于好评,这漫长的创新之路,他从来没有退缩过,也没有放弃过。马奈从未参加过印象派的展览,但他深具革新精神的艺术创作态度,却深深影响了莫奈、塞尚、凡·高等新兴画家,进而将绘画带入现代主义的道路上。

50岁那年,作品《福得·贝热尔吧台》终于得到了认可,官方授予马奈"荣誉团勋章"。病中的马奈无限感慨地说:"这实在太晚了。"第二年,马奈永远离开了他热爱的光和色的世界,而把持之以恒的创新精神留给了世人。

"马奈要比我们想象的更伟大。"爱德华·马奈以其强烈的绘画敏感性和其典范性的作品，使他所处时代的绘画发生了天翻地覆的变化。他把古典的高贵气质和华丽美艳的印象派色彩，交融到自己的画中，在传统中寻求灵感，比任何一位前辈名家的作品都更接近现实。近几年，马奈的画十分抢手，如《插满旗帜的蒙尼耶街》卖了超过 2600 万美元。人们不仅喜欢他的作品，更从他的执著精神中感受到力量，正如他的名字的拉丁文寓意一样——"他活着并将活下去！"

印象派

印象派也叫印象主义，是西方绘画史上划时代的艺术流派，兴起于 19 世纪 60 年代，兴盛于七八十年代，反对因循守旧的古典主义和虚构臆造的浪漫主义，影响整个西方画坛。把"光"和"色彩"作为绘画追求的主要目的，倡导走出画室，描绘自然景物，以迅速的手法把握瞬间的印象，使画面呈现出新鲜生动的感觉，为现代艺术的产生奠定了基础。因莫奈的《日出·印象》而得名，马奈的《草地上的野餐》、凡·高的《向日葵》同样鼎鼎大名。印象派画家又分为重光和色彩与重造型和素描两种类型，前者以莫奈、雷诺阿为代表，后者以德加为代表，卡米耶·毕沙罗则介于两者之间。

■ 躲在世界的后面深深思索

阿尔弗莱德·西斯莱作为典型的印象派画家,如今已经广为人知。他几乎只是描绘风景画,对于法国北部田园地带的天空、河流、运河、原野有着浓厚兴趣:从阴雨连绵的春天和炎热的盛夏,到白雪皑皑的村庄和冰冻三尺的河流,从涓涓细流到波涛汹涌的洪水,在各种主题面前,他总是耐心地描绘出无限微妙的变化。他的创作取材以法国巴黎近郊的塞纳河风景为主,因此被称为"塞纳河画家"。

尽管处于印象主义运动的核心位置,但由于谨慎的性格,西斯莱一直与朋友们保持一定的距离。1839 年,他出生在巴黎一个富裕的商人家庭,童年和少年时代都很顺利,家庭也洋溢着友爱与温情。上学时曾经到过伦敦,对英国画家的风景画有了初步的认识,由此对绘画产生强烈的向往。不过,父亲却极力反对,不愿意让儿子当画匠,甚至采取经济封锁的办法,希望让儿子"改邪归正"。西斯莱一直坚持自己的理想,并反复央求父亲同意他画画,自己还悄悄到各大展览馆临摹,然后把最满意的画作给父亲看,最后终于打动了父亲,勉强同意他试试。

21 岁那年,西斯莱进入瑞士画家格莱尔的画室,开始正规系统的学习。格莱尔虽然是一位普通的绘画老师,却以宽容和自由的理念吸引了众多学生,尤其是他对待学生像亲骨肉一样,更令绘画爱好者们爱戴,像莫奈、雷诺阿等年轻画家都云集到这里,西斯莱因此有机会与大家结为至交,互相勉励,互相学习,共同进步。不过,此时的西斯莱还没有显示出什么广阔的发展前途,他给人的感觉更像一位悠闲的业余画家,仪容整洁,性格爽快,是纸牌和台球高手,总是叨着烟斗;但同时又有一本正经的一面,对绘画的深刻思考以及内向性和谦虚谨慎。他最初便喜欢风景画,倾倒于19世纪中的巴比松派,对明快、忠实描绘自然的绘画予以高度评价。巴比松派的画家们大量以枫丹白露的树木、水池、草原为主题进行创作,西斯莱也频繁造访这片森林,初期作品完全沿袭了巴比松派的创作风格,平心静气地凝视田园小路和村庄小道,忠实描绘出那里的朴素景观。

在法国印象派画中,西斯莱是个性和画风最温和,且富有诗意的画家,个人生活负担却非常沉重。19世纪60年代中期,西斯莱与模特儿乌杰尼有了亲密关系,乌杰尼性格非常细腻且很有教养,一直耐心地陪在西斯莱身边,并生下了一儿一女。然而,这种行为最终导致父子失和,父亲终止了对西斯莱的经济援助,从此让西斯莱的生活越来越窘迫,几乎是难以养家。有时候,两个孩子饿得直哭,西斯莱只能痛苦地望着自己的画作,期待某一张能打动某一个欣赏者,掏腰包买了去,以解决家里的饮食问题。但还是没有人认可他的画,西斯莱每每饿得直不起腰来,都会强挺着给自己打气:"坚强,一定要坚强!必须战斗到最后!"正是这种顽强的意念支撑着,让他在残酷的现实面前勇敢地走了下去。

1870年,法国开始了同普鲁士之间的战争。战争的结果第一是导致美术团体暂时解散;第二个结果,是他父亲在事业上遭到了失败,整个家庭完全陷于贫困之中,西斯莱失去了得到可靠收入的唯一希望;更可怜的是,普鲁士军队包围巴黎后,他们不得不逃走避难。在这样战火纷飞的时期,西斯莱失去了所有财产和未售出的作品,搬到巴黎西郊的小村庄沃阿森暂时安定下来。可是谁也想不到,小村庄的环境带给西斯莱很多创作灵感,他的绘画迅速走向成熟。走在塞纳河堤上,走在通向塞纳河的小道上,他孜孜不倦地找寻着新的景色。虽说多数情况下,他是在自家的高高窗户里眺望并描绘室外的景色,但无论是严寒的冬日还是炎热的夏日,无论刮风下雨,他都坚持不懈,从未停下过画笔。此间,西斯莱去了一次他一生中很少涉足的英国,以泰晤士河以及河上往来的夏日小艇和白色水鸟为主题，接连创作出洋溢着热情的画——如今，这些作品被视为他的最杰出作品。

此后，西斯莱进行了众多辉煌创作，进入到最具挑战性、最繁忙的时期，和其他艺术家一道向官方美术界发出更直接的挑战，为"画家、雕刻家、版画家等艺术家匿名为协会"的设立发挥了核心性作用。第二年，该协会的首届"印象派画展"开幕，西斯莱展出了 6 幅作品，不过和大多数艺术家一样，他的作品几乎没有得到任何赞赏，在经济上的窘迫几乎没有消除。由于穷困，西斯莱一家不得不屡屡搬迁，而父亲的去世无疑进一步加深了西斯莱的苦恼，从此绘画中那些明快舒畅的情调开始变得生硬，缺少光彩。从此，饱尝无数挫折、感到痛苦厌倦的西斯莱，开始有意远离逐步获得成功、赫赫有名的印象派伙伴，选择了一种类似于隐居的生活，在河流和森林中找寻新的主题和灵感，尝试使用色粉栩栩如生地描绘出各种风景。

西斯莱后来描绘的作品，大多是巴黎近郊、塞纳河和卢旺河河边村庄的风景。那里的水面、天空、村落和街道，在西斯莱的笔下都是朴实而又宁静的，既有鲜亮的光线，又有一种沉着内敛和抒情性。西斯莱所画的乡村，并不是一个企图逃离现代生活的避居之地；相反，他所热爱和善于表现的乡村风景，是一个有人居住和生活的自然。美妙的天空下或水面上，是现代乡村生活中的汽船、水闸、酒馆或街道。他笔下那些小小的人物形象，总是会出现在这些安宁的乡村景色之中，虽然看上去微不足道，却在真实的风景中真实地生活着。他笔下的人与自然，因为彼此之间深沉的依附关系而显示出一种永恒性，与人们息息相关，是人们真正喜爱的并被深深打动的。这种沉思性和深沉性，也正是其永久魅力之所在。

可以说，西斯莱一生的艺术追求和创作生涯，是对印象派最明确和准确的反映。不幸的是，西斯莱的作品在他在世时，从未取得过商业上的成功，画价很低，还经常无人问津。值得佩服的是，在这样的窘境之中，西斯莱忍受着妻子离世的打击，忍受着自己身患喉癌的痛苦，在小村庄里笔耕不辍，晚年迎来了创作的最高峰。在他去世后，人们赋予了他一生都未得到的赞誉和经济价值，但一切都为时已晚。

西斯莱的作品如他本人一样沉静、内敛,有着对大自然最忠诚的观察和热爱。他几乎终生只画风景,一直运用典型的印象派手法进行创作,哪怕在备受批评时也不曾稍移其志。他的坚持并不讨巧,没有给他带来金钱或成功,但是却留下了许多最优秀的印象派风景画作,让人们见识到其作品中那安宁、清静的画面中所蕴含的自然之美。因此西斯莱不愧为是一位印象派的大师,赢得了后世的尊敬和声誉。

知识链接

夏尔·格莱尔

夏尔·格莱尔(1808-1874 年)是法国 19 世纪古典主义画家。在法国 19 世纪画家中,有一类画家擅长运用古典主义表现手法描绘具有浪漫主义情趣的作品。这类画家很难归属到哪一个流派,其实画家的艺术观念和画法并不是单纯的,有的是相互交织在一起的。格莱尔就是将古典主义画法和浪漫主义激情结合在一起从事创作的画家。他使用古典细腻严谨画法,描绘古典人物,借以传达抒情诗般的意境。代表作有《傍晚(消逝的幻觉)》和《达韦尔少校》等。

坚定的印象派"中流砥柱"

在印象派诸位大师中,卡米耶·毕沙罗是唯一一个参加了印象派所有8次展览的画家,可谓最坚定的印象派艺术大师,对印象派的重要意义甚至超过了发起者克劳德·莫奈。

卡米耶·毕沙罗 1830 年生于圣托马斯岛,1903 年在巴黎逝世。他品德高尚,赢得所有人的钦佩,在印象派画家心目中,他就是这个松散大家庭的家长,是印象派的先驱,因此人们尊称他为印象派的 "摩西"(即领袖)。在毕沙罗去世前一年,远在塔希提岛的高更写道:"他是我的老师。"在他去世后 3 年,"现代绘画之父" 塞尚在自己的展出作品目录中恭敬地签上"保罗·塞尚,毕沙罗的学生"。

毕沙罗祖籍法国波尔多。父亲在岛上开了个百货店,生意挺红火,算得上当地的一个富商,非常希望儿子能继承自己的事业。可毕沙罗呢,对做生意根本不感兴趣,在巴黎读书时却迷上了绘画。回到岛上后,他一面在父亲的店里干活,一面偷空就跑到外面写生。渐渐地,毕沙罗想专门学画画,父亲当然不会同意,如此僵持了 5 年,毕沙罗毅然离家出走,流浪到委内瑞拉,创作了自己的第一批油画。看到儿子如此坚持,而且确实有绘画天赋,父母最终认识到没有理由能改变儿子想成为画家的决定,因此送25 岁的毕沙罗去法国巴黎学习绘画,在学院派大师的画室学习。

在巴黎,毕沙罗深深地被柯罗的绘画所吸引,柯罗对他进行了非正式的教导,鼓励他师从大自然绘画。后来,他又在巴黎美术学院上私人课程,同时出席了瑞士科学院"自由工作室",遇到了未来的印象派画家莫奈和塞尚等人。在这样的友情氛围熏陶下,毕沙罗越来越忍受不了学院的单调和沉闷,无比向往大自然,因此常常到大师们不屑一顾的粗野乡村去作画。也正是缘于这种对大自然的超然爱好,决定了毕沙罗在沙龙里的命运——那是1859年,他的作品第一次入选沙龙;而其后,则连续两次落选,皆因信奉"师从大自然"而惹的祸。

就在那时,毕沙罗的感情和经济发生了状况,由于和母亲的女仆相爱,家里面断绝再给他金钱上的援助,毕沙罗的生活陷入了窘境。但是现实并不因为你贫困,就会同情你,他的画作还是卖不出去,生存成了最严峻的问题。为了糊口,毕沙罗不得不去做油漆工,自嘲地把油漆刷比作画刷;他的妻子也下到田间,拼死拼活地挣点小钱,贴补家用。残酷的贫穷,并没有能击倒这位坚韧的画家,在给一个朋友的信里,毕沙罗说:"绘画使我快乐,它是我的生命,其他的都无关紧要。"

由于总是被沙龙拒之门外,克劳德·莫奈提出搞个独立展览,跟沙龙对抗,毕沙罗立刻热烈响应并大力支持。于是,一个以"无名艺术家、画家、雕塑家和版画家协会"为名组织的联展开幕了;结果众所周知,他们的热情换回来的只是一片哄笑和讥讽。当时一位极有影响的评论家苛刻地说:"那些自封为艺术家的人,拿起画布、颜料和笔,胡乱涂抹一番,就算完成了自己的大作。这群家伙爱慕虚荣近乎疯狂。应该让毕沙罗懂得,树不是紫色的,天空也不是新鲜的牛油色。在乡村里,我们找不到他画的那些。"不过,毕沙罗并不气馁,又积极参加了接下来的几届画展,画风也愈加成熟,成为印象主义代表画家之一。

毕沙罗是一个怀揣强烈好奇心的人,多年来一直不断探索新的技法,深信科学是人类与社会进步的因素。在连续几次展览失败后,大多数印象派画家的勃勃雄心备受打击,纷纷想退出印象派团体,从而加剧了团体内部的不和与分裂。唯有毕沙罗静静地坚守着,他没有野心,当团体内部卷入争吵之中,他的坚定、安详、平和、谦逊、智慧与热诚,不仅为他赢得了尊敬,也使他成为这个团体的稳定因素和实际上的领袖。不管外界有多大的压力,也不管内部有多大的纷争,毕沙罗却以真诚积极的态度,先后吸引了塞尚、高更、修拉、西涅克等人参加"印象派联展",坚定不移地向前探索着、艰难地前行着。

毕沙罗一生的画风,充满着一种农民的质朴。他热爱乡野与农村,同情当时巴黎的社会主义思潮。在绘画上,从农村风光到城市街景,从没有发生过重大的题材变异,总是那样勤奋、那样执著;在他的画上,除了农民与农妇外,就是城市上的普通行人。此外,在印象派画家中,他还是最早去外光下作画的先行者,因此很多人喜欢称他为"最接近自然的一位画家",是"印象派中的米勒"。他发展出一种新的画法:由顿挫的笔触及细密的斜线布满全画,让画面有阳光闪动的感觉,画面稠密、缤纷;晚年经过分色主义实验,更进一步掌握到光影表现与绘画灵魂的结合,而这类作品终为他赢得国际声誉。

作品《蓬图瓦兹:埃尔米塔日的坡地》,是毕沙罗一家回到法国两年后画的,其全家人前后在蓬图瓦兹住了10年。这些建筑在毕沙罗的笔下显得坚固和年代久远,整幅画透着健康的乡村气息,给人以丰满而古老的印象,光秃秃的树木、冒烟的烟囱以及耕得井然有序的田地,构成的初秋景色更加深了这种印象。毕沙罗有意在建筑物的整体和树木之间造成强烈对比,同时也源于色彩之间隐隐约约的和谐。绿色和蓝色、灰色和米黄色,甚至是烟囱管道的红色都被置于次要地位,不添加任何无用的光泽。在右边的厚实房屋上面,树木勾勒出诗一般的图案。毕沙罗擅长的这种曲折的笔法,使画面显得勃勃生机,增加对角线的实际效果。

进入晚年的成熟期,毕沙罗更是排除了外界画法的干扰,表现出一个充满自信的印象派元老画家的精湛技巧和恢弘气魄,主要描绘繁华的城市和街道建筑,多取俯视角度。作品《蒙马特大街》就是最具有代表性的,预示了20世纪未来派画家所热衷描绘的景象——现代都市快速运动节奏。在这幅画上,构图宏伟,街景庄严而有气派;色彩丰富柔和,在冷暖色对比中,充满中间调子的过渡,形成一种细致而变化丰富的灰调子,但却很明亮,它显示着光的饱满,其笔触均匀而不失活泼变化,粗犷与细致融

我的未来不是梦

为一体,表现出毕沙罗特有的艺术风格。

毕沙罗的一生虽然充满了艰辛,但没有怨天尤人,一直在努力发掘诗意之美和快乐之光。正如他所说:"一切事物都有美,问题在于怎样把它表现出来。"60岁后,由于腿病,无法再深入大自然中写生,毕沙罗就天天在窗边作画,创作不辍,直到73岁病逝。

逐梦箴言

毕沙罗一生创作数量颇丰,题材多数是自然景物和街景。他坚持画所观察到的,豪迈和果断地面对一切,不失掉所感觉到的第一个印象。他走在自然中,不论在哪里有所发现,都能立即摆好画架尽情地把他的印象描绘在画布上,色调的美丽组合,形状和色彩的有趣排列,阳光和色彩明丽而悦人的搭配,成为绘画的一大特征。这位年迈而又永远年轻的画家,最终实现了画面的"纯净、简洁、敦厚、柔和、自由、自发性和新鲜感",成为人们无比爱戴的最坚定的印象派"中流砥柱"!

知识链接

埃德加·德加

1834–1917年,印象派重要画家。出身于非常关心艺术的金融资本家家庭。中学毕业后,德加开始学习意大利文艺复兴时期的艺术。德加喜欢纤细、连贯而清晰的线条,认为这种线条是高雅风格的保证和达到他所倾慕的那种美的唯一方法。线条成了他的欲望。在线的运用上,他达到了所有安格尔追随者都没有能够企及的、妙笔生花的地步。代表作《会计师和女儿们》、《调整舞鞋的舞者》、《贝利尼一家》等。

让·安格尔

让·奥古斯特·多米尼克·安格尔(1780–1867),法国画家。热衷追求原始主义,17岁时已经是一名很好的画家了。他深刻地研究了文艺复兴时期意大利古典大师们的作品,尤其推崇拉斐尔。他是法国新古典主义的旗手,与浪漫主义相抗衡。

■ 无法逾越的实验艺术先锋

在绘画界,相当多的流派都认为自己跟马赛尔·杜尚有关。就像美国画家德库宁说的:"杜尚一个人发起一场运动——这是一个真正的现代运动,其中暗示了一切,每个艺术家都可以从他那里得到灵感。""达达"几乎是最早一个奉杜尚为精神领袖,并给以极高尊敬的流派。但实际上,杜尚一直与它及之后的一切运动若即若离,并不是它们当中任何一个的真正意义上的参与者。因为不仅"达达"容不下杜尚,之后的任何一个流派或运动,都没能跳出杜尚早已看透的套路。

马塞尔·杜尚,1887 年出生于法国,1954 年入美国国籍。他的父亲是一位公证人,通情达理、心平气和,从不干涉子女的决定,并在经济上给予帮助。杜尚在兄妹 6 人中排行第三,他们当中有 4 位后来成了艺术家。受技巧精湛的版画家外祖父的影响,十几岁的杜尚也曾画过些风景,还去巴黎的朱利安艺术学院学过 10 来个月,但基本上都没使他提起过什么特殊的兴趣。后来,为了逃避兵役,18 岁时他才临时抱佛脚,通过了作为"艺术工作者"的身份考试,于 1906 年离开军队到了巴黎。那正是各种现代艺术流派如火如荼的年代,他的两个哥哥也积极投身其中,并且与许多现代艺术家们过从甚密,因此杜尚轻而易举进入到艺术圈里。

短短 6 年里,杜尚把印象派、野兽派和立体主义等各样风格都尝试了一遍,并成为巴黎先锋派艺术家沙龙的成员,有资格参加每年一度的全国展览会,也有画廊经销他的画。在最早出现的介绍立体主义的书中,杜尚名列其中,成功之路似乎顺利而迅速。然而谁也没有料到,正是这个三心二意学习绘画的年轻人,会成为改写西方艺术史的千载大家,用自己特立独行的个性和风格带领绘画艺术进入一个转折期。

曾经有人称杜尚是严谨认真的艺术家,是20世纪实验艺术的先锋,是现代艺术的守护神;也有人称他是对高雅艺术的嘲弄者,是艺术花篮中的一条毒蛇,是毁灭美的恶魔。但无论从哪个角度出发,人们都不得不承认,西方现代艺术尤其是第二次世界大战之后的西方艺术,主要是沿着杜尚的思想轨迹行进的,他的作品、他的绘画和他的行为及思想,对后来的艺术思想都有特别重要的影响,之后的许多艺术观念和艺术流派,乃至艺术界发生的方向性的变化,都同他有关。有人骂他,说他动摇了艺术殿堂的"神圣"根基;也有人赞他,称他为真正领会并表现"艺术"真谛之第一人。也就是说,杜尚——至今没有被任何人超越。

杜尚在第一次世界大战期间来到纽约,继续从事他在巴黎开始的"现成品"的实验。"现成品"是指选取日常生活用品或废旧物品制成的艺术品。他第一件现成品作品《自行车轮》,就是一只安装在垫凳上的车轮。这种嘲弄审美原则、赞扬荒唐行为、宣传反艺术的态度,在当时被看成异类。但是杜尚乐此不疲,将"反传统、戏谑传统"的行为进行到了极致。他的一生做出很多具有轰动性的作品,首当其冲的是最"臭名昭著"的《泉》。

那是规划法规的1917年,纽约独立艺术家协会要举办一次展览,作为评委之一的杜尚匿名送去了一幅在公共厕所中随处可见的男用小便器,并在其上署名《泉》。这件作品立刻遭到了独立艺术家协会的拒绝,当然,他们不知道作者是当时赫赫有名的杜尚。看到同行们的反应,杜尚终于验证了自己的预测,他明白自己的艺术观念太超前,时人无法接受,于是他立即退出了独立艺术家协会。杜尚把小便器搬到博物馆,用这个现成品向人们提出了这样的疑问:到底什么是艺术品?什么是艺术?艺术与生活的距离有多远?现成品艺术成为杜尚最重要的艺术观念。

杜尚之所以把小便器命名为《泉》,除了它确实水淋淋的外表之外,也是对艺术大师们所画的泉的讽刺。在当时的情况下,这种标新立异让人有种玩笑开过了头的感觉，它遭到了以前卫自诩的组委会气急败坏的拒绝。然而正是这幅《泉》，在近100年以后的2004年，击败了毕加索的《亚维农少女》和安迪·沃霍尔的《金色玛丽莲》，被选为现代艺术中影响力最大的作品。由此可见，杜尚现成品的超前和对后世的影响之大，只有时间才能见证。

与《泉》一样著名的恶作剧，更是让杜尚"声名狼藉"。那是1919年回法国后，杜尚别出心裁，准备重新画达·芬奇那幅举世闻名的《蒙娜丽莎》。他先是弄来多张《蒙娜丽莎》彩色复制品，然后用铅笔给这位美人加上了式样不同的山羊胡子。于是，美人的神秘微笑立即消失殆尽，画面一下子变得稀奇古怪、荒诞至极，其中《L.H.O.O.Q》，是这批《带胡须的蒙娜丽莎》中最为有名的一幅。这一对待经典名作的态度，立刻遭到了传统艺术卫道士们的大力抨击。然而杜尚提出的问题是：为什么不可以换一个角度，来看"大师"们的作品？如果永远把"大师"的作品压在自己头上，个人的精神就永远只有受到"高贵"的奴役。不可否认的是，杜尚重画过的《蒙娜丽莎》另有一种特别的味道，这也为后来的艺术创作另辟一条幽径，引导许多艺术家用重画的方式来进行创作。

杜尚用自己的作品，印证了20世纪语言学的转向。他一生坚持自我创新，把反艺术推向了极致，对艺术的边界和本质提出了质疑，促使人们以新的眼光和视角来看待整个艺术史和艺术品，给后继的艺术运动以新的启迪。

逐梦箴言

马塞尔·杜尚是西方理性主义逻辑发展中的一个例外，他的影响深远而持久，而且他所达到的新境界至今无一人能够真正继承。他探寻的是非理性和自由，追求的是理性与秩序，像一枚硬币的两个面，共同组成了一个完整的相辅相成的现代主义。杜尚可以花8年甚至20年完成一件作品，可以花20

年去下棋，可以让自己30多年默默无闻，就因为对自己、对人类、对世界没有任何功利的期许，因此他才活得非常流畅婉转、圆融自如！

知识链接

达达主义

1916 年至 1923 年间出现于法国、德国和瑞士的一种艺术流派，是一种无政府主义的艺术运动，试图通过废除传统的文化和美学形式，表达对资产阶级价值观和第一次世界大战的绝望。该语源于法语"达达"，意为空灵、糊涂、无所谓；法文原意为"木马"。达达主义者的行动准则是破坏一切，对事物采取虚无主义的态度，用帕斯卡尔的名言来自白："我甚至不愿知道在我以前还有别的人。"1921 年，象征着"达达"的纸人被巴黎的学生扔进塞纳河"淹死"，以表示对达达主义的憎恨。1923 年，达达主义流派举行最后一次集合，终因精神空虚而崩溃。

毕沙罗作品《蒙马特大街》

智慧心语

1.我创造,所以我生存。

——罗曼·罗兰

2.世界上所有美好的事物都是创造力的果实。

——米尔

3.同是不满于现状,但打破现状的手段却不同:一是革新,一是复古。

——鲁迅

4.人可以老而益壮,也可以未老先衰,关键不在岁数,而在于创造力的大小。

——卢尔卡尔斯基

5.能创造发明的和在自然与人类之间做翻译的人,比起那些只会背诵旁人的书本而大肆吹嘘的人,就如同一件对着镜子的东西比起它在镜子里所生的印象,一个本身是一件实在的东西,而另一个只是空幻的。

——达·芬奇

圣母子

第五章

纯真心灵之火

色彩的真谛

◎导读◎

　　"不同的理想,决定不同的命运!"人们常常慨叹生活中缺少美,那是因为他们缺少了一双发现美的眼睛。生活的美,来源于对生活的热爱,对真善美的追求和坚守。正如镜子只能照出人的外貌,而生活却能洞悉人们的心灵,因此要在生活的磨砺中学会淡然处之。当你以纯真的心灵观察世界,世界也会回报你一份纯真的笑容;而当你跌到谷底时,生活同样会正确提醒你——只能往上,不能往下!

原始童话般的瑰丽天真

"没有人偷得去卢梭的方法,在如此广阔深远的作品前,批评是软柔无力的。"这是人们对法国后印象派画家卢梭的评价。每个时代都有它的先知,被奉为20世纪超现实主义艺术先行者的是亨利·卢梭,其作品博得了当时前卫画家们的赞赏,对立体主义者、表现主义者以及超现实主义,都有很深的影响。

亨利·卢梭,1844年生于法国西北部的小镇拉瓦尔。父亲原本经营了一家五金行,但在卢梭11岁的时候,五金行破产,从此一家人开始过着贫困的生活。卢梭在中学时,素描及声乐方面都表现出色,但因为家境原因而没有考大学的机会,早早地去当兵。他的第一份工作,是在法律事务所当一名低薪职员,平凡单调的工作没能磨去卢梭天性中美好的一面,工作之余,他尽量利用空闲时间,练习绘画和音乐,是一个忠实的星期天"画家"。卢梭真正开始创作,是在19世纪80年代初期,朋友、同事、邻居和巴黎街市的风景,都充满了他的画面。正是这样一位平民的画家,创作出了极具个人风格的画作,向来被人评为"真挚"而"朴素"的;在当时追求前卫、异国情趣和原始主义的潮流中,成为了先锋人物。

卢梭的家庭生活非常不幸,25岁结婚后,7个儿女中只有一个孩子长大成人,而妻子在38岁时去世。但这并没有打倒卢梭,他的性格依然率真、朴实,不谙世事,简简单单地生活,对种种的捉弄甚至是很残忍的玩笑,也能泰然处之。同事因此常捉弄他,有一天做了个"鬼模鬼样"的木偶,放在卢梭必经的酒桶间。黑暗中卢梭见到后,慌忙脱帽致敬,还毕恭毕敬邀请"鬼"朋友喝一杯,逗得同事们开怀大笑。

卢梭与高更结交后,高更也常常使坏戏弄这位好友。有一次,高更对卢梭说,政府打算制作一幅壁画,想要把这份工作委托给他去做,要卢梭亲自去美术馆问一问。卢梭信以为真,激动万分,很快就去美术馆询问,结果很失面子地回来了。这件事曾在卢梭的朋友圈中广为流传。还有一次,卢梭收到一张"总统"寄来的晚会请帖,毫不犹豫去赴宴了。等着看笑话的高更和一班朋友,却得到了一个意外的结果——卢梭在总统府门口被卫兵拦住,"总统"出来,拍了拍他的肩膀,让卢梭改天换上礼服再来。卢梭把请帖与冒充的"总统"都当作是真的,根本没有疑心。高更对此很是惊讶,也为自己这种无聊的戏弄感到惭愧,从此不好意思再搞恶作剧了。

对朋友的轻信,还让卢梭卷入到法律纠纷中。1907年,卢梭因为一起法兰西银行诈骗案而被捕,其实是他所谓的友人索法杰让他以假名字去银行开户,然后又领走了索法杰汇到这个户头的钱。就这样,卢梭在这样毫不知情的状况下帮了索法杰销赃。幸好卢梭本无恶意,法官最后判他缓刑。有趣的是,他风格朴实的画作竟成为律师为他辩护的证据。

卢梭的天真,还表现在他的夸夸其谈上。例如,他总是自称是个"税务官",可人们都称他为"税务官画家",因为"关税征收员"不过是个小职位。又如,卢梭在晚年时,很爱夸大地描述他的军旅生活,还声称曾经赴墨西哥参加过营救麦克西米里安大帝的战役,并在多鲁防卫战中立过功等等。然而,作为一个军乐队队员,他的军旅生活其实十分单调,很少有机会上前线。卢梭画过许多热带丛林,说这些丛林画都源于他在墨西哥的见闻。事实上,这些灵感大都来自他那些墨西哥战友的描述,加上他自己在动植物园的观察及想象,而他自己到底有没有去过墨西哥,一直是个谜。

卢梭从未受过正统的美术训练,绘画最初只是个爱好,所以他在绘画上的进步很慢。但他求教于许多职业画家,其中,住在卢梭家附近、在学术上颇具声望的菲力克斯·克雷曼,不仅鼓励他作画,还把让·莱昂·热罗姆等画家介绍给卢梭,使其拿到临摹许可证,得以进入卢浮宫临摹名画。卢梭还常常前往独立沙龙前卫画作的聚集地，曾在 1886 年展出过 4 件作品。这些作品最初被人揶揄是"闭着眼睛用脚画的"，这曾让卢梭十分沮丧，但他却没有气馁和放弃，坚持刻苦自学，以纯真的内心探究绘画的真谛，最终自成一派。可以说，卢梭在超现实主义中的贡献，就在于他最后做成了自己。

卢梭画过人物肖像、街头风景、自然静物，还画过充满原始意味的丛林画和犹如寓言般的幻想画。他在透视法上的特殊运用，总能呈现现实中所看不到的视角，或是事物之间的比例，尤其是带有儿童式的手法，这一切让卢梭的画给人某种奇妙的感觉，充满着纯真与梦幻。最能体现这种"原始主义"的作品，莫过于他的丛林画了。在这类画中，丛林总是显现在单一的平面上，每一片树叶都被仔细地描绘出来，植物茂密得让人感觉整个丛林就在身边。而树木或花的比例常常显得很大，比画中的猛兽还要大，仿佛整个丛林就是一个无法逃脱的神秘世界。

而卢梭的人物肖像也有莫名之感。例如《抱洋娃娃的小孩》中的孩子显得身形很大，表情像成人那般严肃，手中的洋娃娃就像个被掌控的成人。最可贵的是，卢梭更是自创了"肖像·风景"的绘画主题，例如，在他的《自画像与风景》中，与丛林画有很大不同，无论是巴黎的街景，还是埃菲尔铁塔和空中的热气球，处处体现着现代感，而他自己仿佛置身于这样的背景中，显得很巨大，又给人以超现实之感。

卢梭在平凡的生活中守望童真，在艺术创作中表现童心。他的创作是由心底发出的，朴实自然与纯真善良给了他源源不断的灵感，正所谓"画由心生"。由于童心未泯，他曾被告知不属于他那个世纪；但卢梭相信自己，现在不可能改变他通过顽强的实践而获得的方法。在童真般的内心世界里，卢梭是自由的，而正是这份自由，成就了他的艺术创作，让情感流露与创新前卫浑然天成。终于在绘画艺术的转型期，卢梭的风格得以被包容，而他又为之后的发展指明了道路。

亨利·卢梭的画迎面而来的时候，让人有一种戛然而止的停顿，仿佛眼前是一扇贴满图案的门，凝视许久，小心翼翼地推开，然后才能慢慢地进入。他的画有很抢眼的稚拙味道，而这种稚拙又以童话般的暖意把我们的心灵逼至世俗之外。或许以为，画家涉世太深，又对尘世感到疲惫，才自甘隐藏到这样一片艺术的天地之中。又不知他为何对南方的素材如此多情：丰沛的热带雨林，纯净的色泽，袒露的肌肤，赤足舞蹈的姿态……画面的主题多是玄秘的：夜幕下的款款爱情，湖边幽暗的弄蛇女，密林中端坐的猴子，宁静的搏杀与平和的战争……也许他的天性中有热烈奔放的情感，而天然率真的个性又使生存遭遇了更多的磨难，于是他要创造另一个可以让生命自由飞翔的世界——一个超现实超物质的童话世界。

日光与月光总是画面里温柔的遥望者，在岁月之手的抚摸下，有一种穿透时空的力度。他极度地借助那些丛林来安放主题，用深深浅浅的绿，深深浅浅的红，深深浅浅的蓝……卢梭在画布上一片叶子一片叶子地排列，一层颜色一层颜色地叠加，布在其中的麋鹿、熊、老虎……都是内在性征的代言体。明明是战争和杀戮，明明是血腥和荒漠，明明是焦虑和等待，明明是邪恶和恐惧，却被他做得那么优雅而平静。福祸相生相伴，物景奇妙嫁接，像蒙太奇的手法，而背景的深处，却有看不见的手在明明暗暗地牵引着我们的情感和思维，也透着对命运之神的期待。

1908年秋天，毕加索在一家旧画廊闲逛，看到一幅名叫《一个女人的肖像》，以5法郎买了下来。有些担心的书商还补充了一句：这张画的画布还能再用。但毕加索庆幸自己捡了个宝，决定在住地"洗衣船"举办豪宴来庆祝一番，并邀请了画作者卢梭，还有30位朋友（卢梭的年纪可以做所有人的爷爷）——当时穷困落魄的作家与画家，如阿波里奈儿、安德烈·萨蒙、格特鲁德·斯坦因、画家布拉克。10年后，这些人声名赫赫，成了文化名流，那次宴会也成了艺术史上一个神话般的传说，当白发苍苍的卢梭站在门厅，眼中含泪，满屋寂静，大家都悄然动容。

为获得其他艺术家的承认，卢梭几乎奋斗了一生。他在美术史上是个异端，一边是关于梦幻图景的美丽，一边是现实生活的苍凉。艺术就是这样，它在带领卢梭飞升的时候，又要他为此付出殉道者的艰辛。

"他没有发现新大陆,他生来就生活在新大陆。"卢梭的生平很平凡,甚至一生都没有离开过法国;之所以在平凡中获得非凡,是因为他有一颗真挚、淳朴的童心。这份童真是最宝贵的财富,令卢梭拥有成熟人难以企望的不同寻常的视野,在观察和聆听时充满了专注、幻想和享受。他在艺术上不随波逐流,甘愿寂寞地走自己的路,从而形成天真淳朴、真实稚拙的独特艺术面貌。虽然完全靠自学掌握绘画方法,卢梭却享有"平民画家"和"原始主义画家"的盛名。当他离开世界的时候,告别的,只有贫穷!

原始主义

与"现代主义"内涵和意义相反。主要有 3 层含义,分别是人性的原始主义、文化的原始主义和文学的原始主义。学科性的原始主义思想,在美国人类学协会年会所通过的决议中得以表现,主要是通过对一些在部落民族地区实施同化或开发政策主张的谴责,以及对人们保护本土文化免受工业文明破坏发出号召等形式来实现。原始主义文学批评在视野、方法、成果、价值观和目标 5 个方面与文化人类学密切相关,而原始主义批评方法则体现在批评对象的选择、批评方法的运用和批评目标的达成 3 个环节上。

我的未来不是梦

■ 在师法自然中安贫乐道

他安贫乐道,乐观豁达,不倦地全力投入创作;他贴近自然而不抄袭自然;他爱画那朦朦胧胧的暮色与晨曦中那颤动的森林,那明洁的湖水,那珍珠般银灰色的天空;他用笔松动而富有韵致,虚实相生而见妙理;他那梦幻与现实相间的独特诗意,难以言传;他的画有质朴的内在美和高雅的气质——他就是,游历于古典浪漫现实主义间的法国绘画大师柯罗。

以风景画见长的柯罗,堪称法国19世纪中期描绘风景的大师,是使法国从传统的历史风景画过渡到现实主义风景的代表人物。他非常热爱大自然,26岁才开始正式从事绘画,先后3次去意大利旅行,还去过荷兰、瑞士、美国,至于法国,更是走遍各地。直到去世前一年,77岁高龄的画家仍坚持到各地浏览风光,领略大自然的奥秘,在自然的启示下作画不辍。由于柯罗怀着深厚的感情去仔细观察,对大自然加以认真体味,因此其风景画朴实无华中蕴含着浓浓的诗意,不事夸张,不施艳丽色彩,描写的大部分是色调柔和的清晨或傍晚,有时画面还笼罩在轻烟薄雾之中,其静谧、优美之感有如梦境。有些风景画中,还加上一些神话或传说中的人物,更为画面增添了活力。

格拉德·克内里斯·柯罗,1796年7月16日生于法国巴黎。父亲是经营呢绒批发业务的商人,母亲是一家有名的妇女帽子店老板,经济上没有任何困难。由于夫妇二人都忙于商务,无暇照顾子女,出生后的孩子一律送到近郊的布列奴尔村寄养,柯罗4岁那年才回到父母身边。从幼年时代起,他就喜欢绘画,母亲商店的出纳簿的空白处,充满了他的铅笔画。

11 岁那年,父亲将柯罗送到了有名的卢昂中学,寄宿在朋友森奴光家。森奴光视柯罗为自己的孩子,对他照顾得很好,更可贵的是,这位先生对自然的热爱深深地感染了柯罗,令柯罗养成了终生不变的对大自然的热爱。不过,对自然的频繁接近,同时也影响了学业,加上任课教师的不理解,终于在第四个年头,柯罗因成绩不好而退学。

回到家里的柯罗,在不能公开声明画家梦想的情况下,被父亲送到另一位呢绒批发业老板那里去见习,往来于商会之间。不过,经商只是父亲的一厢情愿,柯罗对此一点兴趣也没有,常常抛开按时发送商品的工作,热衷于到外面搞速写或素描。后来,他自己在一所绘画学院报了名,晚间下班后去学习,积累了坚实的绘画功底。父亲终于感觉到儿子的爱好竟然如此强烈,便同意他把巴黎郊区别墅的寝室作为画室,每逢休息日,都可以到附近散步,将自然凝聚于他的画布上。自此以后,直到晚年,柯罗多次在这间阳光明媚的别墅逗留、作画,留下了多幅作品。

16 岁那年发生一件不幸的事,但对柯罗的绘画事业却是一个转机。

那年,柯罗已经结婚的二姐意外离世,令柯罗的父亲开始重新审视对儿女的态度。10 万法郎经营资金引不起柯罗的兴趣,6 年的时光也并未培养出经营才能,父亲只能勉强同意柯罗从事绘画,还将以往给死去女儿的补贴全部转给了柯罗。解决了他的后顾之忧,柯罗欣喜若狂地投入到绘画中,立即拜与自己同龄的画家米夏隆为师,学习风景画。不料几个月后,米夏隆突然去世,令柯罗很受打击,一时间无所适从。不过对绘画的执著和热爱,让他很快振作起来,诚恳地找到了米夏隆的老师贝尔坦,请教学习。贝尔坦被柯罗的求知热情感动,便破格收下自己徒弟的徒弟,认真传授他风景画绘画技巧,希望有一天他能形成自己的风格。

在七月爆发的资产阶级革命中,柯罗离开了巴黎,到沙特儿、诺曼底作画。有名的《沙特儿大教堂》就是这时的作品。27 岁那年,柯罗在沙龙展出的《枫丹白露的树林浅滩》获二等奖,该奖给了他以极大的激励,而且使望子成龙的父亲也感到高兴。柯罗告诫自己:"不要模仿别人,要按照自己的意志去描绘大自然。"他非常清楚,风景画离不开大自然,在得到父母的同意后,又前往意大利游历了佛罗伦萨、威尼斯、米兰等地,以大自然为师,直接写生,完成了很多优秀的作品,终于形成了独特的绘画风格。

此后近30年,几乎每次沙龙中都少不了柯罗的作品,奇怪的是对于他的作品,几乎无人加以褒贬。直到1855年,法国皇帝拿破仑三世买下了他的《马库西的回忆》后,柯罗才好似一颗拂去尘埃的珍珠,突然在画坛上闪烁出耀眼的光芒。印象派代表画家之一的毕沙罗,在博览会上看到柯罗的作品后,很受感动,专门到画室拜访了他。从此,柯罗名声远扬,前来求画的人络绎不绝,而且作品一再为官方所收购,价格也一路飙升。例如画作《加德湖》,当年以800法郎卖出,20几年过后,市值已高达20多万法郎。

1846年,柯罗被授予五等荣誉勋位勋章。由于有些评论家并不真正了解柯罗的艺术,对于其作品中不用夸张的色彩,不做过分渲染,而认为是平淡。因此,很多人对柯罗获奖感到意外,以致他将勋章捧给父母时,二老才相信这是事实。

逐梦箴言

这位画界有名的"善良的大叔"性格活跃,朋友众多,助人为乐。即使是在早年不得不接受父母经济支援时,也常常资助更为困难的人,有时为此不惜借债;在日子富裕后,更是不忘身处困境的友人。柯罗说他"一生钟爱大自然永不变心"。晚年时发现已经患上胃癌,在病痛的日子里,依然倾心于《兰衣女》的创作;临终前,念念不忘的是他的绘画,他喃喃道:"衷心希望天堂里也有绘画。"柯罗在风景画的发展史中,是一座不朽的丰碑!

知识链接

浪漫主义画派

浪漫主义在 19 世纪前半叶，特别是从 20 年代到 30 年代，不只风靡于法国，也风靡全欧洲。19 世纪初叶,资产阶级民主革命时期兴起于法国画坛的一个艺术流派。这一画派摆脱了当时学院派和古典主义的羁绊，偏重于发挥艺术家自己的想象和创造,创作题材取自现实生活,中世纪传说和文学名著等,有一定的进步性。代表作品有籍里柯的《梅杜萨之筏》、德拉克洛瓦的《自由领导人民》。画面色彩热烈,笔触奔放,富有运动感。

德拉克洛瓦《自由领导人民》

我的未来不是梦

■ 受精神折磨的心灵之火

　　2012 年 5 月 2 日早上北京时间七点，纽约苏富比拍卖会上，画家爱德华·蒙克的《呐喊》作为第 20 件拍品，在众人瞩目中登场。现场共有 8 位竞标者，从 4000 万美元开始起价后便引起激烈竞争，很快竞价便飙升至 8000 万美元。最终一电话竞标者以 1.199 亿美元拍走该幅作品，创造了世界艺术史拍卖纪录。

　　挪威画家爱德华·蒙克，堪称 20 世纪表现主义艺术的先驱，1863 年出生于挪威雷登，在克里斯蒂安尼亚长大。他是画家雅各布·蒙克和历史学家彼得·安德烈·蒙克的亲戚。5 岁那年，母亲死于肺结核，父亲含辛茹苦将他抚养成人。然而蒙克的父亲患有精神病，向孩子们灌输了对地狱根深蒂固的恐惧，父亲一再告诉孩子们，如果在任何情况下以任何方式犯有罪孽，就会注定被投入地狱，没有任何被宽恕的机会。蒙克青年期刚到，父亲就在极度的精神纠结中去世，同时不幸的事接二连三，一个兄弟和蒙克最喜欢的姐姐相继死亡，一个妹妹被诊断患有精神病。而蒙克自己也体弱多病，眼看着身边亲人纷纷离自己而去，他的精神受到沉重打击，简直到了深度精神折磨的程度。死亡的残酷烙印，永远地刻在蒙克年轻而敏感的心灵深处，那种心态不是常人所能想象的。用蒙克自己的话就是——"病魔、疯狂和死亡，是围绕我摇篮的天使，并且伴随我一生。"

　　精神上的压力和频繁的患病，中断了蒙克的学业，但是却不能令他放弃画家梦，17 岁那年竟然以出色的成绩考进了奥斯陆皇家艺术学院。不堪回首的经历,使他早年画下了许多以疾病与死亡为主题的作品,也使得他在就读期间初露锋芒,逐渐形成自己的特色:风格上是后期印象派的,主题上却是象征派,内容在于刻画内心世界而不是外在现实。

22岁时,蒙克开始了第一次旅行,去巴黎学习印象派的画风,后又受到高更及"新艺术运动"的影响,导致了其画风的重大变革。在柏林艺术家协会的展览上,由于形象怪异,其作品在德国引起剧烈反响,画展只开了一周即关闭了。为此,自由派退出艺术家协会,成立了柏林分离派。这一行动使蒙克大受鼓舞,从此在德国定居下来长达16年之久。这段时间是蒙克艺术发展的重要阶段,也是其艺术臻于成熟的时期。在忧郁、惊恐的精神控制下,以扭曲的线型图式表现他眼中的悲惨人生。他的绘画,对于德国表现主义艺术产生了决定性的影响,蒙克成了"桥派"画家的精神领袖。

1890年,蒙克开始着手创作一生中最重要的系列作品"生命组画"。这套组画题材范围广泛,以讴歌"生命、爱情和死亡"为基本主题,采用象征和隐喻的手法,揭示了人类"世纪末"的忧虑与恐惧。油画《呐喊》,是这套组画中最为强烈和最富刺激性的一幅,也是其重要代表作品之一。在这幅画上,蒙克以极度夸张的笔法,描绘了一个变了形的尖叫的人物形象,把人类极端的孤独和苦闷,以及那种在无根宇宙面前的恐惧之情,表现得淋漓尽致。

蒙克自己曾叙述了这幅画的由来:"一天晚上我沿着小路漫步,路的一边是城市,另一边在我的下方是峡湾。我又累又病,停步朝峡湾那一边眺望,太阳正落山,云被染得红红的,像血一样。我感到一声刺耳的尖叫穿过天地间;我仿佛可以听到这一尖叫的声音。我画下了这幅画,画了那些像真的血一样的云,那些色彩在尖叫,这就是'生命组画'中的这幅《呐喊》。"在这幅画上,没有任何具体物象暗示出引发这一尖叫的恐怖,画面中央的形象使人毛骨悚然。他似乎正从我们身边走过,将要转向那伸向远处的栏杆。这一完全与现实隔离了的孤独者,似已被他自己内心深处极度的恐惧彻底征服。这一形象被高度地夸张了,那变形和扭曲的尖叫的面孔,完全是漫画式的,那圆睁的双眼和凹陷的脸颊,使人想到了与死亡相联系的骷髅。整个构图在旋转的动感中,充满粗犷、强烈的节奏,所有形式要素似乎都传达着那一声刺耳尖叫的声音。以视觉的符号来传达听觉的感受,把凄惨的尖叫变成了可见的振动,将其画面上的情感表现几乎推向了极致。

父亲遗传给他的精神疾病,常常折磨着他,45 岁的时候,他的焦虑变得深刻,不得不接受住院治疗。然而,医院里施行的休克疗法,改变了蒙克的个性,当再次有机会拿起画笔的时候,则更多地表现出对大自然的兴趣,作品变得富于色彩,减少了悲观的成分。身为一个爱国者,在纳粹统治期间,蒙克的作品被贴上了"颓废艺术"的标签,被从德国的各个美术馆撤了下来。蒙克很伤心,却不肯向纳粹分子低头,态度严肃地拒绝与纳粹政权合作,不参加为其操纵的美术家协会的任何活动。在这一切的背后,蒙克用自己的画笔生动刻画了那个"世纪末"的景象,那种迷途的欲望深渊和无法逃脱的死亡怪圈,生命的焦躁和无奈交织在一起。蒙克作品的惊人表现力量,来自于内心世界的不加掩饰的忠实表达,是他用整个心灵来创作的。

在蒙克 80 年的人生之旅中,创作了大量带有强烈悲剧意味和感情色彩、描写人类真实心灵的美术作品。根据遗嘱,他的全部作品无条件地捐赠给家乡奥斯陆市,这巨大的遗产包括 1200 幅油画、4500 幅素描、1800幅版画、6 件雕塑以及大批的工具、笔记和书籍等。后来为纪念蒙克,建造了蒙克美术馆。

逐梦箴言

"蒙克体现了表现主义的本质,并在表现主义被命名之前就彻底实践了它。"蒙克所描绘的世界,是人类复杂的精神世界,他刻意表现死亡、忧郁和孤独,描写上世纪末的艺术家在充满矛盾与痛苦的现实中,其孤独的心灵对人生产生的怀疑和焦虑。艺术史家称蒙克为"世纪末"的艺术家。在蒙克生活的时代,再没有别的艺术能够像他那样深入到人的灵魂之中,把那心灵的美与丑一并展现给世人;也没有人敢于像他那样赤裸裸地描写人类本能的丑恶,使善良与罪恶并存,让美丽与丑陋共生!

知识链接

桥社

德国表现主义美术社团。1905年成立于德累斯顿。由德累斯顿理工学院建筑专业的学生发起。其含义是团结所有德国艺术家,共同起来反对腐败的学院派绘画和雕塑,建立一种新的、同日耳曼传统有联系的、而又充满现代情感和形式的美学,从而在艺术家和切实有力的精神源泉之间建立一座"桥梁"。1906年10月,在一家灯具厂的临时陈列馆里举行首次展览,后又连续举行过几次。他们从新印象主义画家及凡·高、蒙克等人的作品中吸收营养,发展了一种以简化的自然形体和版画作品中的线条为主的明晰风格。1913年因内部意见分歧而宣告解散。代表人物有海克尔、洛特鲁夫和凯尔希纳等。

我的未来不是梦

■ 没有人能单枪匹马获得成功

德国艺术大师阿尔布雷特·丢勒,有一幅名画叫《祈祷之手》,在这幅画作的背后,流传着一则爱与牺牲的故事。

15世纪时,在德国的一个小村庄里,住着一个有18个孩子的家庭。父亲是一名冶金匠,为了维持一家的生计,每天工作18个小时。生活尽管窘迫逼人,然而这个家庭中,有两个男孩子却有一个同样的梦想,都希望可以发展自己在艺术方面的天分。不过兄弟二人非常清楚,父亲的肩头太累了,根本无法供他们同时到纽伦堡艺术学院读书。怎么办呢? 他们不甘心就此放弃艺术梦想,于是两兄弟经过多次讨论后,得出解决问题的最好办法——以掷铜板决定,胜者到艺术学院读书,败者则到附近的矿场工作赚钱;4年后,在矿场工作的那一个再到艺术学院读书,由学成毕业的那一个赚钱支持。如果需要,可能也要到矿场工作。

这样的决定,令兄弟二人激动不已。终于盼到星期日,早上做完礼拜,他们表情极其严肃地掷出铜板,结果弟弟胜出,去纽伦堡艺术学院;哥哥则去危险的矿场工作,4年来一直为弟弟提供经济支持。弟弟果然不负众望,在艺术学院表现很突出,他的油画简直比教授的还要好,可以与达·芬奇遥相呼应,毕业时就已经赚不少钱了。在这位年轻的艺术家返回家乡之际,家人为他准备了盛宴以示庆祝。伴随着音乐和欢笑声,弟弟起身答谢哥哥几年来的支持:"现在轮到你了,亲爱的哥哥,我会全力支持你到纽伦堡艺术学院攻读,实现你的梦想!"

所有的目光都急切地转移到桌子的另一端，坐在那里的哥哥双泪直流，只见他垂下头，边摇头边重复说着："不……不……"终于，哥哥站起来擦干脸颊上的泪水，向长桌两边他所爱的亲友们展示了自己的双手："不，弟弟，我上不了纽伦堡艺术学院了。太迟了。看看我的双手——四年来在矿场，毁了我的手，关节动弹不得，现在我的手连举杯为你庆贺也不可能，何况是挥动画笔或雕刻刀呢？不，弟弟……已经太迟了……"

那位弟弟，就是德国著名画家丢勒。450多年过去了，丢勒有成千上百部的杰作流传下来，速写、素描、水彩画、木刻、铜刻等可以在世界各地博物馆找到；然而，大多数人最为熟悉的也是最感动的，却是其中这幅《祈祷之手》。为了补偿哥哥所做的牺牲，表达对哥哥的敬意，一天，丢勒下了很大的工夫，把哥哥合起的粗糙双手刻了下来。最初，他把这幅伟大的作品简单地称为《双手》，然而，全世界的人都立刻敞开心扉，瞻仰这幅杰作，把这幅爱的作品重新命名为《祈祷之手》。因为通过这段感人至深的故事，反映一个深刻的哲理——没有人能单枪匹马地获得成功，爱和牺牲是世界上最伟大的情感！

阿尔布雷特·丢勒1471年生于纽伦堡，是北部文艺复兴的代表人物。他的作品包括木刻版画及其他版画、油画、素描草图以及素描作品，其中以版画最具影响力。代表作品有《启示录》、《伟大的命运》、《亚当与夏娃》等。他的水彩风景画是他最伟大的成就之一，这些作品气氛和情感表现得极其生动。

依照家庭传统，父亲让儿子在自己作坊里当学徒，想把他培养成一个首饰工人。丢勒在作坊里初次获得了绘画训练，并且很快精通此道，这些都成为他从事艺术活动的基础。为学会首饰工艺所必需的装饰艺术，丢勒进一步临摹艺术家们的人物画，还临摹了一些著名雕刻。不久，他就用银针刻了第一幅自画像，并在画上写道："1484年我还是一个孩子的时候，我照着镜子画了自己。"他第二年的钢笔画《宝座上的圣母玛利亚和天使》，画得惟妙惟肖，独具特色，充分显示了少年时代丢勒的天赋，被保存至今。

在学习绘画的过程中，丢勒对人物结构和绘画法则很感兴趣，因此请求父亲允许他做一个画家。经过勤奋学习刻苦绘画，丢勒很快便得到独立创作的机会，完成第一部了不起的杰作——《启示录》的木刻组画。这部启示录起源于罗马帝国尼禄王朝旧基督教的神秘幻想。他制作了一组 15 幅不朽之作，表现了人类在 15 世纪末叶，由于世界末日的到来而感到无可奈何的恐怖和失望的情绪。当时德国正处于资产阶级和手工业者之间的斗争，农民和封建主之间的斗争，饥饿和剥削之间的斗争，人民的激昂情绪终于发展成为无数次宗教的、政治的和革命的群众运动。丢勒想把《启示录》中的幻想付于现实的形象，给予这些幻想以寓意的力量。其中几幅画，不隐讳地对统治势力进行了批评，唤醒每一个人的良知。

自从《启示录》刊行后，丢勒被名列于当代大艺术家的光荣行列。但荣誉并没有让丢勒失去本真的自我，他对父母更加孝敬。尤其是在母亲去世前两个月，他给母亲画了一幅肖像，在这幅木炭画里倾注了一生中最活泼动人的情感；当母亲逝世后，他在画上题了几句话："这就是阿尔布莱希特·丢勒的母亲，1514 年祈祷周前的星期二夜间二时逝世，享年 63 岁。"通过这幅作品，充分看出丢勒终身对母亲的尊敬和热爱。

作为一个文艺复兴时期的人，丢勒相信艺术家必须要深入观察自然和竭力发现宇宙的秘密，以揭示和表现美。同达·芬奇一样，丢勒也具有科学的头脑，曾深研数学和透视学并写下了大量笔记和论著，在透视法和人体解剖学方面，创作了许多反映社会现实的绘画作品。同时还研究建筑学，发明了一种建筑学体系。丢勒使德国艺术摆脱哥特式艺术的影响和束缚，走向以人文主义思想为指导的现实主义艺术道路；他把当时幼稚的版画艺术推向完美的新阶段；他支持当时的宗教改革运动，同情农民战争，曾主动为宗教改革运动的领袖马丁·路德的宣传册子绘制版画插图，并以农民战争纪念碑的设计来终结自己的创作道路。

作为德国最伟大的画家，丢勒的艺术探索对德国的影响是深远的。正如有人评论的那样："丢勒是德意志的代表民族画家。他同时又是把意大利文艺复兴思想带进德意志，并开创了德意志民族艺术新纪元的艺术奠基人。"

逐梦箴言

丢勒一生笔耕不辍,足迹之广,眼界之阔,在当时几乎无人可与之比肩。他相信理性和知识会使人成为高贵的存在,对于人的不完美有一种深刻的意识。作为"自画像之父",他是欧洲第一位为自己的容貌和身份所吸引的画家,成为伦勃朗的先声。就艺术风格而言,尽管他是意大利文艺复兴艺术的追求者和传播者,但艺术多少保留了一点中世纪哥特式遗风,同时又令人惊讶地率先展现出一些巴洛克特征。恩格斯曾高度评价他和达·芬奇——"是需要巨人的时代所产生的巨人!"

知识链接

伦勃朗

伦勃朗·哈尔曼松·凡·莱因(1606—1669),欧洲 17 世纪最伟大的画家之一,也是荷兰历史上最伟大的画家。画作体裁广泛,擅长肖像画、风景画、风俗画、宗教画和历史画等。一生留下 600 多幅油画,300 多幅蚀版画和 2000 多幅素描,画了100 多幅自画像,几乎所有家人都在画中出现过。他代表的是北欧民族性与民族天才,"伦勃朗光线"是一种普遍而善用的光线,用精确的三角立体光,勾勒出人物的轮廓线,让其余部分隐藏于暗光之中,给人以稳定庄重的感觉。有人说是"夜光虫",有人说他"以黑暗绘成光明"。卢浮宫中藏有两幅代表作《木匠家庭》、《以马忤斯的晚餐》。他毕生研究相学,其探索成果是绘画技法的重要组成部分。

智慧心语

1.一个谦卑的失败比一个骄傲的成功还要高贵。

——纪伯伦

2.一幅画中最白的地方要像宝石那样可贵。

——达·芬奇

3.当一个人一心一意做好事情的时候,他最终是必然会成功的。

——卢梭

4.世上真不知有多少能够成功立业的人,都因为把难得的时间轻轻放过而致默默无闻。

——莫泊桑

5.凡做事,将成功之时,其困难最甚。行百里者半九十,有志当世之务者,不可不戒,不可不勉。

——梁启超

第六章

平凡自信之美

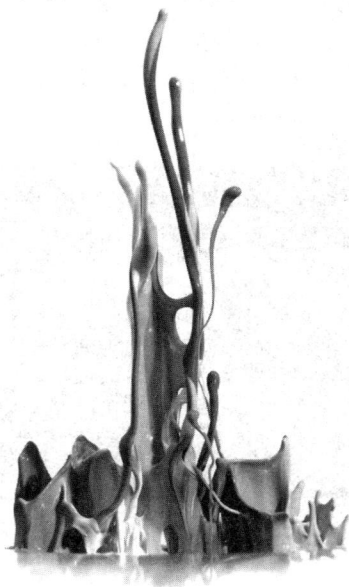

◎导读

　　"有信心的人，可以化渺小为伟大，化平庸为神奇。"在这个世界上，大多数人都是平凡而普通的，大多的事，也都是司空见惯的；而世人中的伟人，正是通过无数平凡的小成功形成的。任何大东西，都是由许多小东西组成的；哪怕一滴水，用显微镜看，也是一个大世界。因此不要害怕平凡，如果自身伟大，那么任何工作都不会觉得渺小；只要我们自己抱有信心，也将使别人对我们萌生信心的绿芽，从而令平凡的脚步走完伟大的行程！

■ 为艺术燃烧，为革命发光

　　雅克·路易·大卫不同于以往或此后的任何一位画家，没有谁的生命会像他那样不仅要为艺术而燃烧，还要为革命而发光，他对政治的热情丝毫不亚于绘画。大卫广泛参与到社会、政治和艺术生活的方方面面，其影响力远远超过了一位仅仅在艺术上取得成就的画家。同时，艺术方面的成就也异常出色，在法国大革命和拿破仑时期，大卫雄踞画坛霸主的地位，是新古典主义画派的奠基人。

　　大卫画风严谨，技法精工。在资产阶级革命民主派雅各宾专政时期，曾任公共教育委员会和美术委员会的委员。早期作品以历史英雄人物为题材，1793 年完成名作《马拉之死》。1794 年雅各宾政权被反革命颠覆，经过 5 年的混乱，拿破仑掌握政权后，大卫做了拿破仑一世的宫廷画家。这时期创作了歌颂拿破仑的《加冕式》、《授旗式》等作品。

　　1748 年，大卫出生于巴黎的一个中产阶级五金商家庭。9 岁时父亲被杀，母亲离家出走，由身为皇家砖瓦匠的叔父抚养长大的。酷爱绘画的大卫在亲友帮助下，被送到大画家弗朗索瓦·布歇那里学画，布歇是"洛可可风格"的代表人物，还获得过"皇家首席画家"的称号。学习一段时间后，大卫去参加罗马奖考试，考题是智慧女神雅典娜与战神马尔斯的战斗，艺术风格基本上是模仿洛可可风格，但是人物形象情绪激烈、步伐沉重，因此画面很不协调而落选。面对失败，大卫开始认真思考自己的创作方向，尽管对布歇十分崇敬，但自己实在对洛可可风格不感兴趣，因此决定另求良师,去走一条纯粹的、不掺一点杂质的古典风格。

随后,大卫找到了更适合自己的老师,那就是约瑟夫·马利·维恩,当时维恩已是一位声名显赫的古典画派大师,受到了人们的广泛赞誉。后来维恩被任命为设在罗马的法兰西艺术学院的院长,赴任时没有忘记带上他得意的学生大卫,大卫因此获得了一个千载难逢的学习机会。罗马这个艺术的中心,一直是大卫梦中的天堂。初到罗马,大卫被意大利大师们的古典主义作品深深地吸引——孟斯的古典主义画,温克尔曼的古典主义艺术理论,还有那些古典主义的雕塑,都使大卫目不暇接,产生了研究和学习的浓厚兴趣,下决心暂时不搞艺术创作,而专心钻研,仔细观赏,认真揣摩,颇有收益。

其实大卫并不是绘画天才,儿童时期的家庭变故,导致他个性沉默寡言,不太合群,常常一个人躲在角落里思考,缺少典雅的情调,使人感到少年老成。但正是生活的磨砺和沉稳,让大卫拥有惊人的毅力和勤奋刻苦的精神,他时刻告诉自己:一定要学到一门真本领,做一个有价值的人!凭着这股劲头儿,大卫付出比那些"天才"画家更多的汗水和努力,认真画了4年的素描,32岁时曾带着一幅素描稿《帕脱克卢斯的葬仪》回巴黎沙龙展出,在法国艺术界初露锋芒。

在接受古代艺术影响的同时,大卫在思想政治上也受到古罗马共和政体的潜移默化,滋生了反对封建专制统治的政治热情,后来竭力想借用古代希腊罗马的艺术样式,传达自己的政治见解和思想感情。大卫最初的创作,都是从古希腊罗马的传说和艺术中寻求美的源泉和理想,把古代英雄的品德和艺术样式视为审美的最高标准。他认为古代是当代画家的学校,它是当代画家艺术创造取之不尽的源泉。终于,第一批代表大卫风格的大型油画产生了!《苏格拉底之死》《布鲁特斯》等,这批历史题材的作品真实而生动地再现了历史,具有强烈的艺术感染力,备受人们关注。

后来由于接触到一些反封建的革命党人,大卫的政治思想和艺术观念产生了一些变化,创作出一些富有时代精神的作品。从这时起,大卫就勇敢地站在时代的高度,用自己的艺术为反封建斗争服务,逐渐走进现实主义潮流。他觉得艺术必须帮助全体民众的幸福与教化,艺术必须向广大民众揭示市民的美德和勇气。从此,大卫把艺术作为反封建的战斗武器使用,作为战士登上了画坛和政坛。《贺拉斯兄弟宣誓》作为新古典主义画派的代表作品,不仅是大卫的成名之作,而且对于法国美术史而言,具有划时代的意义。画作的主题是宣扬英雄主义和刚毅果敢精神,个人感情要服从国家利益。画面正是表现3个兄弟在出发前向宝剑宣誓"不胜利归来,就战死疆场"的场面,妻女的哭泣与3个勇士的激昂气概,形成鲜明的对照。为了祖国,必须牺牲个人和家庭的幸福,在这悲壮的戏剧场面上得到了充分的揭示。由于大卫以朴实无华的写实风格、精确严谨的构图和英雄式雄浑的笔调进行了描绘,多侧面揭示主题的手法,使悲壮的戏剧性场面,具有无比的丰富性。这幅画后来成为绘画艺术的典范,大卫不仅把古典主义带回了巴黎,还给法国民众的生活带来了极大的影响。

　　当大革命的风暴到来时,大卫不仅仅是画家,他还作为社会活动家、革命家积极投身于革命斗争。他热情四溢,精力过人,绘画创作从未因革命活动而受到过影响,坚信爱国主义者手中的画笔具有非凡的道德教化作用,并身体力行地去实践。他创作出一系列反映法国革命历程的作品,譬如最杰出的《马拉之死》就是具有鲜明革命时代特征的肖像画。即使是将绘画当成了宣传的手段,但出自大卫之手的作品也丝毫不失艺术水准,他坚持严谨的造型,强调素描的完整性与准确性,在绘画技巧方面达到了相当的高度。由于大卫的出色表现,他被选为国民议会的议员,成为革命领袖罗伯斯庇尔的战友,并以国民教育委员的身份从事大量的革命艺术活动。他公开倡导艺术必须为政治斗争服务,认为艺术不是目的,而是手段,它为了帮助某一个政治概念的胜利而存在。

　　大卫艺术生涯中最光辉的年月里,充满了时代的革命气息,具有鲜明的政治思想倾向性,并将古典主义的艺术形式和现实的时代生活相结合,成为一位名副其实的革命艺术家。但是随着"热月党"政变,雅各宾党政权被推翻,大卫被捕入狱,出狱后看到国家发生的变化令他触目惊心。革命的理想破灭了,整个社会陷于黑暗恐怖的深渊,这使大卫心灰意冷,又无

我的未来不是梦

能为力。从此在创作上他放弃了现实的题材,又沉浸在对古代社会的向往之中,再也没有画过富有革命激情的作品。在那黑暗的岁月里,大卫停止了一切社会活动,情绪非常消沉,艺术生命也面临枯竭,他比任何时候都热切地期待着和平的曙光。

大卫的一生,既从事艺术,也参与政治,其荣辱也紧系于此。由于他曾得到过拿破仑的赏识,因此在拿破仑倒台之后,境况急转直下。波旁王朝永远不会宽恕大卫,因为他曾是投票决定国王首级是否落地的 361 名国会议员当中的一个,对路易十六犯有弑君之罪。此后,大卫不得不开始流亡生涯;直到 1825 年,他在郁闷中客死他乡——只把极具争议的一生和优秀作品,留给了世人。

逐梦箴言

从大卫的经历和艺术生涯中可以看出,一个艺术家只有投身于时代的变革,才能创造出震撼人心的优秀作品,一旦脱离时代和人民大众,艺术生命也就枯萎了。大卫给后辈的艺术家留下了宝贵的经验和教训,他技艺超群,善于用画面向人们讲述他心中的故事,并使人为之感动;他还擅长表现那些古典寓言中的英雄,使人物形象深深地印在人们的脑海之中。大卫曾说过:"绘画不是技巧,技巧不能构成画家。"这是他成为画家的箴言。

知识链接

洛可可艺术

产生于 18 世纪法国的一种艺术形式。法语原意"贝壳式",引申义指"像贝壳表面一样闪烁"。由于受到了当时法国国王路易十五的大力推崇,也称为路易十五艺术风格。一方面不免浮华做作,缺乏对于神圣力量的感受;另一方面以法国式的轻快优雅使绘画完全摆脱了宗教题材。愉快亲切、舒适豪华的场景取代了圣徒痛苦的殉难,从而在反映现实上向前大大地迈进了一步。代表画家为弗朗索瓦·布歇等。洛可可后来被新古典主义取代。

新古典主义

兴起于 18 世纪的罗马,并迅速在欧美地区扩展的艺术运动。一方面起于对巴洛克和洛可可艺术的反动,另一方面则是希望以重振古希腊、古罗马的艺术为信念。所谓"新",在于借用古代英雄主义题材和表现形式,直接描绘现实斗争中的重大事件和英雄人物,紧密配合现实斗争,直接为资产阶级夺取政权和巩固政权服务,具有鲜明的现实主义倾向。又称革命古典主义。从维恩、大卫到安格尔,取得了最优秀的成就,并达到高峰。

大卫油画作品《跨越阿尔卑斯山圣伯纳隘道的拿破仑》

■ 华丽的风格,真理的人生

在世界艺术史上,华丽的巴洛克风格一直是具有争议的话题,也是艺术发展的重要资料。作为欧洲第一个巴洛克式的画家,保罗·鲁本斯的绘画具有明显的巴洛克壮丽风格,人体动势生动大胆,色彩明快,强调光影变化,比文艺复兴时代画家更强调人文意识。

鲁本斯以对生活富于诗意的表现来歌颂生活,首先歌颂作为宇宙最完美的造物的人类。他早期所画的肖像,绝大部分是盛装的、外表上十分华贵的贵族肖像,比较朴素的便装肖像为数甚少。他画的肖像之所以引人入胜,不仅由于绘画技巧的完美,同时还由于他在肖像里表现了脉搏在热烈地跳动、目光中充满了生命力、富有弹性皮肤的栩栩如生的人物,刻画出人物的精神世界。在 2002 年 7 月 10 日的索斯比拍卖中,鲁本斯的作品《对无辜者的大屠杀》以 4950 万英镑的惊人价格成交,在当时创下了古典油画作品的新纪录。

鲁本斯 1577 年出生于德国锡根,父亲是一名原籍比利时的新教律师,为了逃避宗教迫害而逃到德国。父亲去世后,12 岁的鲁本斯和母亲无以谋生,不得不回到了西班牙统治下的家乡,并在那里接受了天主教洗礼,从此宗教也成为鲁本斯绘画的一个主题。他曾在一个伯爵夫人家里做侍童,有机会接受正统的贵族式教育,精通多种语言。后来又在母亲的安排下,从师几位画家。鲁本斯凭借绘画天赋和刻苦勤奋,顺利地获得安特卫普画家公会的承认,在 21 岁时便成为一名正式的画家。

面对荣誉，鲁本斯并没有沾沾自喜，而是更加努力，希望达到一个新境界。终于，又经过 10 年坚持不懈的努力，他迎来绘画生涯的巅峰时刻，确立了作为比利时最杰出的宗教画家的地位。他的绘画作品气势宏伟、色彩丰富且充满动感，为欧洲的达官显要所喜爱，订单应接不暇。更荣幸的是，鲁本斯还得到西班牙王室的委任，出访欧洲多国进行外交工作，成功地为西班牙和英国缔结了友好关系。为此，他被查理一世封爵，还为伦敦的宫廷白厅做过一幅题为《祝福和平》的天顶画。这些经历扩大了他的知名度，推动其作品广为流传；同时也让他欣赏到不同种类的绘画作品，为形成自己别具一格的画风创造了条件。

生活中，鲁本斯是一个开朗外向、和蔼可亲的人，极富教养而又活跃健谈，有着令人惊叹的旺盛精力。大量充实的生活积累，铸造了他强悍的个性，从而创造出一种充满生机、熠熠生辉的艺术表现形式。他是一位多产的画家，一生总共画了 2000 幅油画，题材的广泛性也是历史上少有的。然而，很多人嫉妒鲁本斯的才华和地位，曾经有人当众侮辱他说："你是大使中画画最好的一位，不错。"鲁本斯则宽容而幽默地回答道："画画是我的职业，大使才是我的爱好。"

在生命最后 10 年，鲁本斯尤其喜欢画肖像、风景与神话画。这些作品朴素，予人以亲切之感，以其画法的潇洒与极度精确，洋溢着内在热情的感染力。"我把世界的每一块地方都看作是我自己的故乡。"这是鲁本斯说过的话。他一生阅历丰富，绘画着眼于生命力与感情的表达；他的肖像画更是技巧完美，和生活保持着密切的联系，对后期浪漫主义画派产生很大的启示。

和鲁本斯一样对巴洛克式情有独钟的，是西班牙具有贵族威严的绘画巨匠委拉斯贵支。他通过对事物结构的本质把握，向观众展现出一个又一个如烟似梦的世界，其中最精湛的笔法和最微妙的和谐都在画面的表象之下隐藏起来。正是由于这个原因，委拉斯贵支成为所有画家的楷模，后世的追随者，尤其是 19 世纪的印象派画家们，对其推崇备至，人们赞赏他超过了以往的任何画家。

委拉斯贵支 1599 年出生于塞维利亚的平民家庭,少年时代便对自己的绘画才能充满信心,在小本子上画满了各种速写。幸运的是,他的父母也很开明,尽管当时做画家并没有社会地位,还是同意儿子从事自己喜欢的绘画。委拉斯贵支最初进入当时颇负盛名的画室,但不久他就发现,这位被误认为"塞维利亚的米开朗基罗"的老师,除了别致生动的性格外,并没有什么可以教给学生们的。12 岁的他果断离开,另投到西班牙著名美术教育家帕切柯的门下。帕切柯对于这个天才学生非常赏识,不仅传授绘画技巧和知识,还介绍他结识塞维利亚著名的诗人、作家、哲学家和画家,给予他最大的鼓励和支持,也为他后来的成长奠定了坚实的基础。

功夫不负有心人,在老师的帮助和他自己的努力下,委拉斯贵支在 19 岁时,已经成为有名的青年画家了。他的早期作品表现出对生活的敏锐观察和杰出的表现,描绘了许多日常生活中的平凡人物。他还曾两次前往意大利,深深喜欢上威尼斯画派和提香的风格,古典主义传统和文艺复兴的光辉,对于他进一步形成自己的绘画风格产生了深远影响。返回西班牙后,委拉斯贵支开始以柔和的光线感,取代强烈的明暗对比手法,尤其重视微观效果的细节捕捉,主张真实地描写现实,善于表现人物的性格特征,笔触自然,色彩明亮。代表作《教皇英诺森十世像》是欧洲文艺复兴以来最著名的肖像画之一,委拉斯贵支敏锐地捕捉了教皇脸上流露出的一刹那有力神情,使人物形象呈现出强烈的个性,以卓越的写实手法揭示出这个封建统治者形象的本质。这幅油画在罗马引起了轰动,许多人前来观赏和临摹,被誉为艺术经典。

委拉斯贵支的自信和才气,在另一件事上得到了充分体现。那是菲力浦四世登上西班牙王位时,委拉斯贵支听闻这位国王爱好艺术,便鼓足勇气想试试自己的才能和运气。他在给国王的自荐书中这样写道:"让国王看看并且赏识一下真正的艺术家吧!"国王对这样的话语很感兴趣,欣然接受了这个自信的年轻人,并立刻让他为自己画肖像。委拉斯贵支也确实没有让国王失望,一幅画完成后,国王竟然下令把之前自己的其他画像全部取下来,从此后只允许挂委拉斯贵支的画。

这样的举动，无疑令委拉斯贵支的知名度得到了提升；同时也像鲁本斯一样引起其他宫廷画师的排斥和贬低，有人公开说："委拉斯贵支只会画人头，别的一无所长了。"委拉斯贵支的回答也很尖刻，冷冷地回敬对方道："这位君子对我太过奖了，你应该知道，西班牙还没有人能真正地画好人头。"后来，委拉斯贵支还和保守派画家按同一命题作画，进行了一场艺术竞赛，结果大获全胜，终于巩固了他在宫廷的地位。两年后完成的油画《酒神巴库斯》，表明他已经将泥土的芳香成功带进了宫廷。

从 1651 年起到 1660 年，是委拉斯贵支生活的最后 10 年。这 10 年宫廷里过多的杂务，干扰了他的创作，同时由于在向他授勋问题上一直争论不休，一些贵族认为他出身低贱，反对授勋，致使他的心情极不愉快。但委拉斯贵支仍然创作了不少作品，例如最杰出的《宫娥》一画，就真实地揭示了生活在宫廷里的人们，由于处处受着枯燥礼仪的约束，生活并不开心。而《纺织女》同样是真实生活的反映，是 17 世纪欧洲少见的现实主义名作，说明委拉斯贵支虽然身为宫廷画家，但始终未失平民的本色。

作为 17 世纪西班牙最重要的代表性画家，直到 60 岁时，国王才赐给他贵族的称号。但无论是贵族还是平民，人们都记住了他，并在墓碑上镌刻着 5 个字——"真理的画家"。

逐梦箴言

鲁本斯和委拉斯贵支都是巴洛克风格的代表人物。他们一生坚持自己的梦想，无论是在什么位置上，受到何种待遇，都不能令他们停下追逐的脚步。巴洛克风格在当时具有贬义，人们认为它的华丽、炫耀是对文艺复兴风格的贬低；但现在，人们已经公认，巴洛克是欧洲一种伟大的艺术风格，从客观上得到了一个较为公正的评价。他们对欧洲现实主义绘画，产生了不可磨灭的重大影响，他们的自信和才能，也给世人带来启迪和力量！

我的未来不是梦

巴洛克

17 世纪初直至 18 世纪上半叶流行于欧洲，葡萄牙语意为"不规则的珍珠"；意大利语有"奇特、古怪、变形"等解释。继承了文艺复兴时期确立起来的错觉主义再现传统，抛弃了单纯、和谐、稳重的古典风范，追求一种繁复夸饰、富丽堂皇、气势宏大、富于动感的艺术境界。如果文艺复兴可以归为"古典主义"，"巴洛克"则可归为"浪漫主义"。绘画方面的最杰出代表是鲁本斯、伦勃朗、委拉斯贵支和凡·戴克。

威尼斯画派

文艺复兴艺术的一朵奇葩。奠基者是两大美术世家：维瓦里尼家族和雅可布·贝利尼家族，因画家主要生活在威尼斯而得名。作品风格欢快明朗，色彩绚丽，构图新颖，诗意浓郁，对欧洲绘画尤其是巴洛克艺术影响极大。代表人物有提香、乔尔乔奈、丁托列托、委罗内塞等。

■ 发掘平凡世界的真善美

罗丹说过:"所谓的大师就是这样的人,他们用自己的眼睛去看别人见过的东西,在别人司空见惯的东西上发现出美来。"西蒙·夏尔丹正是这样的大师,他画的实物虽然都是一些常见、平凡的东西,但总能引起热爱生活的人们思想情感的共鸣,具有一种鲜活的生命感,物体之间的关系非常微妙,明晰的几何形与和谐的画面,成为莫奈、塞尚、马蒂斯等画家作画的楷模。

西蒙·夏尔丹是 18 世纪法国孕育出的最伟大画家之一,同时,也是西洋美术史上的静物画巨匠之一。他依据毫不修饰却又非常缜密的观察,描绘出极为平常的各种家庭用品,以及巴黎中产阶级的日常生活。这种质朴,远离了洛可可时代所代表的潮流,却似乎更加接近伏尔泰等法国哲人的先进启蒙主义思想。夏尔丹通过对日常生活这一主题的倾注,几乎完全依靠自己一个人的力量,将静物画领域从较低的地位提升到较高层次。静物画曾经单单是学画者作为练习而描绘的内容,从夏尔丹之后,变成了与装饰欧洲各个宫廷画廊相称的主题。

夏尔丹 1699 年生于巴黎,1779 年卒于同地。他的父亲是专做台球桌的家具工匠,高超的技艺令事业取得很大成功,顾客甚至包括法国国王在内。这样的环境,令年幼的夏尔丹对父亲充满了崇拜之情,同时也在帮助父亲工作的时候,培养了熟练的技能和超常的记忆力。但是,夏尔丹却不喜欢这种单调的制作工艺,希望能有所突破,至少将来也要从事一份自己喜欢的工作。父亲很不满意,问他喜欢什么,夏尔丹毫不犹豫地回答:"画家!"

夏尔丹立身之初,经历颇为艰辛,曾学过卑贱的手艺,当过平庸的师傅。早年向一位学院派画家学艺,后来终于成了画家,并被接纳为皇家学院院士。他受过荷兰静物画的影响,对日常生活发生兴趣,因为他自幼和下层人民有联系,和他们在感情上发生着共鸣,因此喜欢描绘他们。他的大量静物画都追求装饰效果和表面趣味,思想内容深刻,赋予静物以生命,给人以动感;在他笔下出现的洗衣妇、厨娘、女小贩或者穷苦家庭的孩子形象,总是那样朴素和真挚。夏尔丹认为,这些人勤劳朴实、节俭持家,不仅外形美,内心也美,比起贵族来道德上要高尚得多。

但是,夏尔丹的风格受到很多同行的质疑,尤其是成为院士之后,有人认为他选择低级的静物画太掉价了,应该与其他画家一样去画高级的肖像和历史。夏尔丹则根本不受那些议论的影响,也不认为静物是低级的,继续用眼睛和心灵静静地注视着铜罐、碟子、水果、面包、酒瓶、刀叉、灶台这些极为普通的东西,在万事绮靡奢华的路易十五时代,让凝重的静物画显得格外醇厚。

在著名的《铜水罐》中,夏尔丹就真实地表现了水桶表面油漆剥落的块块瘢痕,以朴实的色调、忠实的造型,描绘了普通人所用的水罐——这个水罐实在太寻常了,普通到人们天天在用、司空见惯,却谁都不会在意它们的存在。但正是这种在用途中,人对它们想得越少,对它们的意识越模糊,它们的存在就越真实,就越能揭示出人的实际生活世界。夏尔丹的画面构成了一个"世界",而这个世界便是一种"家"的感觉。

在画《铜水罐》的这一年,夏尔丹开始画风俗画。通过没有高潮甚至平铺直叙的视觉游历,那些厨娘、洗衣妇、母亲、家庭女教师们,一一走进了他的画面,更加重了夏尔丹"世界"中由普通女性而蕴集成的"家"的亲切感。《集市归来》中刚从市场买菜归来的女主人,一进屋就把左手拿着的颇具分量的食物放在橱柜上,右手还拎着一包没来得及放下的东西。因为喘了一口气,主妇就有一种如释重负的轻松感。女主人穿着朴素却也耐看的蓝衣裙,和地面、墙壁的淡黄色相得益彰,微斜的身姿显出了女性的线条,脸上的红润显示着健康。屋里陈设简单,却也朴实宜人。由此可见,夏尔丹描写的不是辛苦挣扎着的生活,而是普通平凡却也充实、和美的人生。

然而,事业上一帆风顺,生活中却喜忧参半,不幸与幸运共存。夏尔丹的前妻和女儿同日去世,继妻的孩子又夭折,这种打击是常人难以忍受的。幸好继妻待他十分温厚,让他感受到家庭的温暖。但更多的时候,夏尔丹还是会想起亲人的离世,想起和他们在一起那些快乐的时光。或许,他能做的,就是把思念隐藏到心底,然后把情感投入到静物创作中去,与各种物品亲近交流,为它们传神写照,就像亲人们在身边一样幸福。

生活的磨砺,让夏尔丹养成了谦逊平静的性格,待人宽厚,从容淡然。他的一生几乎都是在巴黎的塞纳大街等几个街区度过的,难得去过一次卢浮宫;对于官方授予的勋章和优厚待遇,他也都无动于衷;即使在美术院任司库和主持沙龙,他从不迎合上流贵族,别待褒贬都置之度外;身为名家,从不炫耀和借此抬高画价,只是执着地走自己的艺术道路。就连76岁时那张自画像,夏尔丹依然既不美化也不丑化,只描绘了真实的自己,一双炯炯有神的眼睛充满自尊与自信,仿佛看到平凡外貌下隐藏着不为世事成败所动的心灵。

夏尔丹的“世界”,充满了恬静、温存、不事张扬的女性化气息,静物画如此,风俗画更如此。他平静地对待一切,直到临终前,他异常从容地叫人为他刮干净胡子,敬候上帝的召唤。整整80个春秋过去了,夏尔丹把平民的和善友好与勤劳俭朴,永远留在他的绘画里。

逐梦箴言

西蒙·夏尔丹生活在“第三等级”中间,终生观察研究下层的人物状貌和生活风俗,以及他们的内心世界,发现平凡中蕴含着的真善美。他的静物画达到了极高的艺术水平,以伟大的静物画家饮誉世界画坛。他以无限深厚的感情去描绘那些平凡而无声的朋友，将它们随意安放在画面上，给人一种自然、生动和活泼的亲切感觉，引起热爱生活的人们思想情感的共鸣。夏尔丹的画和他的人一样，总是那么朴素、真诚，静静地、安然地感染着每一个欣赏他的人！

知识链接

静物画

起始于 17 世纪荷兰的静物画，发展到今天已成为独立的画种。从 19 世纪末的后印象主义开始，静物画进入了一个新的探索阶段。塞尚在静物画创作中追求绘画的形式语言美感，开拓了静物画创作的新天地。并且启迪了西方现代艺术追求形式创新的新方向，开启了现代主义之门。其后，野兽主义、立体主义等现代主义流派进一步发展了静物画创作的新形式。我国的静物画基本上是承接了原苏联绘画的模式进行的，使所作的静物画有等同于小品一般，使这一精描细绘的架上艺术更加个性化、艺术化、多元化。

塞尚作品《静物画》

让色彩像波浪一样扩散

　　1879 年,一位少年在巴黎参观第四次印象派画展,并拿出素描本临摹印象派画家德加的作品。此情此景突然被高更撞见,高更看了一眼,很轻蔑地对这位 17 岁的少年说:"先生,这里禁止临摹作品。"并要把他赶出会场。结果,少年不服气,与高更在参观室的门外大打出手——这位醉心于绘画的少年,就是法国新印象派的创始人保罗·西涅克。

　　一直以来,保罗·西涅克在新印象派的地位引起诸多讨论。在修拉去世后,有人认为新印象亦将随修拉的去世走入历史;但是充满精力和自信的西涅克,一手继承了修拉创始的运动,开拓了新印象派的坦途,使此派更具广泛的影响力。甚至有人评价说:"如果将修拉比喻成基督,西涅克就是圣保罗,他将修拉创始的艺术新教继续导引传播,确定完善教会制度,将之普及化。因此,西涅克扮演了有如圣保罗的角色。"

　　保罗·西涅克少年时就是位狂热的人:醉心于绘画、科学、文学、政治,热爱他所处的时代和所接触的一切。他从来都是最彻底的,既强壮又开朗,与其说像位画家,不如说像个水手。西涅克讲起话来又快又急,既夹带着让人不能重复出来的字眼,又有着可亲的温柔。他有狂热好斗的精神,智慧又坚定不移,有着每次接触新东西时都变得生动活跃的信念,时刻准备攀上更高的水平。在艺术上,一如在生活中,他始终与野心家、伪善者、拍马者及自命不凡者誓不两立。斗争是他生活的一部分,而艺术斗争也如社会斗争一样,因为他似乎有更多的精力,为自己的坚强气质做后盾。

1863 年,西涅克出生于巴黎的资产阶级家庭,年少时投身绘画的决定,并未遇到什么阻力。开始时,他受到莫奈的影响,尽管那时莫奈还远未为人所赞赏。在 21 岁时,西涅克便参与创建了独立派画家协会,在该沙龙首次展出作品,并与乔治·修拉结交。他们两人密切合作,很快便奠定了 19 世纪末最重要、最革命的运动——新印象派的理论基础,让一群颇有天分而又信念坚定的同伴团结一心。西涅克是该组织的动力,不懈地努力着,想增加信徒的人数;通过写信和讲座的方式,不放过任何一个宣扬信仰和科学的机会,为自己的思想而不懈努力。

作为伟大的航海家,西涅克游历并画下了法国所有的港口,还驾驶帆船从荷兰一直航行到科西嘉岛、阿尔卑斯山、意大利和君士坦丁堡。他从这些旅行中,带回大量鲜艳夺目的水彩画,铅笔的线条和振颤的颜色交织在一起,运笔自如流畅,捕捉住每一事物变化着的面貌。回到画室后,西涅克又根据这些写生记录,精心准备大画布创作油画,巧妙地使大自然的各种成分平衡起来,以达到"最和谐、最明亮、最多彩的结果"。好友曾经这样形容过西涅克的画:"他的色彩像海浪一样扩散着,分出层次,碰撞着,互相渗透着,形成一种与曲线美相结合的丰富效果。"

西涅克的作品,也和他本人一样富于激情。代表作《圣特罗佩港的出航》以红色作为基调,采用各种谐调的、镶嵌画似的点描法绘制,补色关系在细部颇不讲究,可是从整体上看是和谐的。它不仅色彩鲜明、响亮和耀眼,而且像交响乐似的产生丰富华丽的鸣响。港口近处用低明度的冷色,中间用中明度的暖色,天空中用高明度的色彩,既良好地处理了补色的关系,同时又使远近产生秩序感,一切光学混合都倾向于明亮。

西涅克有着永不短路的好奇心,如饥似渴地研究光学规律,并时常拿起笔来撰文写出自己的想法。1899 年,他完成著作《从欧仁·德拉克洛瓦到新印象派》,在书中给新印象主义下了定义:"他们是自 1886 年以来发展了分割主义技术的人,分割主义用色彩和色彩进行光的混合,以此来表现自己的意图。"此书后来成为新印象派真正的圣经,鼓励青年人为一种崭新的艺术原则不断地斗争。

如此强大积极的个性,使保罗·西涅克在任何时候任何地方都置身前列, 以至于人们偶尔会忘记了他的真正身份——历史上极有天分又极富诗意的画家。

逐梦箴言

西涅克的自信和热情是人所共识的, 而他的坚定和执著更是实实在在的。他不是那种注定要使生活简单的人,恰恰相反,他有着发现新鲜事物的敏感性和活跃性。他的话不管多么生硬,都出自一颗慷慨仁慈的心,是为真理而发。开放精神使他完全同意有各种各样达到真理的办法,承认有时与他根本对立的研究的合法性。西涅克把全部热情投入到生活中,做画家,做航海家,当作家,所有的想法归结在一起——展示给世界一种触摸得到的真实!

知识链接

新印象派

又称新印象主义或点彩派,是继印象派之后在法国出现的美术流派。19 世纪 80 年代后期,一群受到印象主义强烈影响的画家掀起了一场技法革新,不用轮廓线条划分形象,而用点状的小笔触,通过合乎科学的光色规律的并置,让无数小色点在观者视觉中混合,从而构成色点组成的形象。代表人物为修拉和西涅克。在近代美术史上,只是试验性地存在了一个短时期,并没有产生重大的影响,但它对现代绘画却带来了不少影响。

我的未来不是梦

◎ 智慧心语 ◎

1.水若停滞即失其纯洁,心不活动精气立消。

——达·芬奇

2.除了人格以外,人生最大的损失,莫过于失掉自信心了。

——培尔辛

3.任何人都应该有自尊心,自信心,独立性,不然就是奴才。

——徐特立

4.拿调色板的不一定是画家,拿调色板的手必须服从头脑。

——路易·大卫

5.我活得愈久,便愈确定热忱是所有特性或质性中最重要的。通常,一个成功者自信与骄傲有异;自信者常沉着,而骄傲者常浮扬。

——梁启超

第七章

执著创造传奇

◦ 导读 ◦

　　"超越自然的奇迹,总是在对厄运的征服中出现的。"面对生活赋予的一切艰难险阻,只有执著地追求和不断地分析,才是走向成功的双翼。如果不执著,便容易半途而废;如果不分析,便容易一条道走到天黑。切记:人的一生中,最光辉的一天并非是功成名就那天,而是从悲叹与绝望中产生对人生的挑战,以勇敢迈向意志的那天。因此,不要过分珍爱自己的羽毛,成功的可靠标志,就是能够在平凡中发现奇迹,并执著地创造奇迹!

■ 让视觉音乐不再是梦想

　　音乐能否不用通过音符,而用别的方式表现出来?这个问题经常困扰着艺术家,使他们梦想着会有一种纯粹的视觉音乐出现在面前;泛泛地谈论这种可能性是一回事，而实际展出一幅表现音乐而又看不出来什么物体的画,就是另一回事了。在俄国现代艺术史上,有一位最有意思的艺术家,名叫瓦西里·康定斯基,他是抽象画派和表现主义的奠基人,也是第一个真正尝试将音乐展现在画布上的艺术家。

　　康定斯基是一位学识渊博的艺术家,精通音乐,还系统钻研过西方现代哲学。他外表斯文冷静而内心燃烧着炽热感情之火,能在赤橙黄绿青蓝紫的七彩颜色中,极度敏感地看见音乐的节奏与旋律。康定斯基一生画风复杂多变,从早期很写实的临摹,到印象派、野兽派、表现主义,一直到几何学构成,到最后发展出抒情抽象的神秘形式。这些都充分显示了他通过不断的实验,为了寻求一个艺术家内在逻辑的完美。其画作启发了抽象表现艺术风潮,为现代艺术开拓了不同视野,带来全新的感受,对 20 世纪艺术界产生重大的影响。

　　康定斯基生于 1866 年的莫斯科，父亲是西伯利亚东部出身的富商,母亲为莫斯科人,祖母为中国蒙古的公主。当时俄国在亚历山大二世统治之下,国外贸易兴盛,曾改革学制,释放被放逐在西伯利亚的受刑人,康定斯基的祖先,就是属于这种被放逐在西伯利亚的受刑人。3 岁的时候,小康定斯基随双亲到意大利旅行，在这里看到圣彼得教堂及翡翠般的亚诺河等，对威尼斯的暗褐色流水与黑色石阶留下极深刻印象。这种色彩的记忆那么深刻，明朗的绿、白和黑色使他日后难以忘怀。渐渐长大后，他学习了钢琴和大提琴，因此音乐对于他而言是开启艺术之门的一把金钥匙，从而唤醒了他的绘画天赋。13岁时第一次用油画颜料作画，当看见从油画颜料管挤出的颜色，康定斯基立刻感到一种突显的力量，觉得浑身充满了创作激情。

不过，父母认为绘画不会有太大出息，还是希望康定斯基能从事"正当的行业"，坚持让他考入莫斯科大学读法律及政治经济学。罗马法的精练虽然令人印象深刻，但最吸引青年康定斯基的，却是莫斯科的神秘景观与古代圣画像之美，这是成为画家的一个重要体验。他先后参加莫斯科大学的民俗学、人类学调查团，到俄国北部的伏洛格达旅行研究，并作速写。这次旅行，他看到许多农民的建筑物及工艺品，农家房屋墙壁装饰着出自农民手笔、朴素的圣母画像，家具也画上色彩，这些装饰色彩使康定斯基大感兴趣。同时，他到圣彼得堡的隐士美术馆看到林布兰特的画，"使欣赏者浸透其中的色彩之美"令康定斯基深受感动；华格纳的音乐，也让其在色彩的运用上有新的启示。这种体验经过多年的孕育，使他日后创作出糅合德国和俄国的神话故事作品，形成属于康定斯基的"梦与现实"时期。

30岁那年，康定斯基受莫奈画作《干草堆》的启发，再也抑制不住对艺术的向往，放弃在大学所研习的律师课程，毅然决定改行当画家。他搬到德国慕尼黑，四处旅游，所到之处包括了巴黎，在这里接触新印象派以及野兽派，开始对纯粹颜色的力量有了自己的概念。

1910年，康定斯基画了第一张抽象风格的水彩画，标志着抽象绘画的诞生。在这幅画中，看不到可以辨认的具体物象，画家摒弃了绘画中一切描绘性的因素，纯粹以抽象的色彩和线条来表达内心的精神。这是康定斯基与其他画家的不同之处，也是他用一种新的创作方法试验的第一幅作品，不同于以往的任何作品，成为创作的新起点。画家还用淡淡的奶油色打底，造成了一种如同梦幻般的效果，而笔触又是轻盈和快乐的，一切都没有规则性，似乎是在精神世界中一闪而过的东西，却又无法清晰地辨认出来。期间，康定斯基还和德国画家马尔克一起成为表现主义团体的领导者，共同编辑了"蓝骑士年历"，收集了他们各个时期的作品。同时两人也常在慕尼黑及其他地方举办国际性的画展，推动德国的表现主义得以尽情地发展。

康定斯基以浓重而明亮的色彩来表现自然风光，表现俄罗斯的民间故事，抒发其浪漫、诗意的情怀。他画的《构图2》还只走了一小步，骑手和其他人物变成了一些色块和线条图案，画面的空间仍有自然形态。而《构成第七号》则可以称之为一支音乐狂想曲，这是他作品中画幅最大的，也是超越以往作品的杰出成就的一幅画。初看这幅画时，给人的感觉是异常迷乱，同时也可以感受到每一个形体都有着自己的法则，每一个法则又在这个整体中发挥着强大的冲击力，使画面本身充满着律动感，如同一部伟大的交响乐。在画面中较为突出的是，画面中央出现的黑色点和线，像旋风一样牵动着整个画面的色彩，具有强烈的倾向性；色彩狂乱，红、黑、蓝、黄飞速地交融着，热情奔放，尽管如此，观者仍能找到画家形象思维中的某些痕迹。

康定斯基终于让视觉音乐不再只是梦想。他1911年所写的《论艺术的精神》、1912年的《关于形式问题》、1923年的《点、线到面》、1938年的《论具体艺术》等论文，都是抽象艺术的经典著作，是现代抽象艺术的启示录。

逐梦箴言

自由与约束的对比，是从康定斯基毕生贯注直觉表现和有意的抽象形式之间的关系而得来的。康定斯基最后的一批绘画表明，现代艺术中一批最杰出、最有影响的人才已告成熟。为了理想，他放弃了具有光明前景的律师工作，坚持不懈地行进在艺术之路上，终于把"视觉音乐"变成了可能。他认为："色彩和形式的和谐，从严格意义上说必须以触及人类灵魂的原则为唯一基础。"这种神秘主义，其实是一种内在创作的力量，是一种令人鼓舞的精神产品，带给后世永远的启迪！

我的未来不是梦

蓝骑士

亦译青骑士。英语作 The Blue Rider。1911 年 12 月成立于慕尼黑,对抽象艺术的发展有重大影响。创始人马尔克和康定斯基合编美学论文集《蓝骑士》,原是康定斯基的画作名称,后成为团体名。蓝骑士既不是一个运动,也不是一个学派,没有明确的纲领,只是一个由众多艺术家组成的松散团体,在 1911–1914 年间一起展出作品。与德国艺术团体"桥社"一样以表现主义为方向,在柏林突击画廊举行最后一次画展后,随着第一次世界大战的爆发而销声匿迹。1924 年,亚夫伦斯基等人共同组成一个后继团体"四蓝者",于 1925–1934 年共同展出作品。

康定斯基作品:构成第七号

至上主义之"白上白"独舞

俄国画家卡西米尔·塞·马列维奇,出生于一个原籍波兰的贫苦家庭,但却在几十年后成为俄国前卫派的艺术大师。与康定斯基和蒙德里安一样,马列维奇是几何抽象主义的先锋,是至上主义的奠基人,是传统绘画时代终结的标志。他接受过西方艺术美学的教育,最终以朴实而抽象的几何形体,以及晚期的黑白或亮丽色彩的具体几何形体,构成了自己艺术的主要特色。"模仿性的艺术必须被摧毁,就如同消灭帝国主义军队一样。"这就是马列维奇铿锵有力的表白。

马列维奇早期的作品,揭示画家几乎全部自己的求学历程,反映了前30年的西方绘画从印象主义直到未来主义的演变过程。马列维奇在其中又融入了一种源自于俄国圣像画的更具地方色彩的灵感——"原始农家"艺术与原始主义的纯净色彩及简单形体。

从1910年开始,马列维奇的艺术与俄国前卫艺术一脉相承。塞尚与意大利画家对他的艺术创作产生了重要影响,他继续探索符号与立体主义现实之间的差异,尝试消除作为具象艺术根基的形式与内容之间的对立,以及孤立"纯粹"的符号,因此创造了"理性之外"的"跨越理性"的绘画。与具象图案和简单抽象相比,马列维奇倾向于选择最简单的形式,如方块,代表作《黑色正方形》成为了现代艺术的关键之作。这是一幅绝对抽象的油画作品,马列维奇自己视此为艺术中纯粹创造的第一步。大小不同的几何形体从线条到平涂色都在不断变化着,它们相互交错、重叠或避开,一条细细的黑线把作品分为两个部分:一个稍稍向上倾斜的黑色大四边形,它的右上角消失于画面之外;由几乎与平面平行的纯色图像组成的下半部分似乎更为稳定。从这幅绘画开始,马列维奇展开了构筑"无物象的世界"。

在马列维奇的绘画中,创作仅仅存在于绘画本身,其所包含的造型并非借自于大自然,而是源于绘画的质与量。所有的至上主义基本上造型都是源自于方形:长方形是方形的延伸,圆形是方形的自转,十字形是方形的垂直于水平交叉。《黑十字》及《黑色圆形》就是《黑色正方形》的姐妹作品,这已经成为至上主义美学的简约化身,其内涵均存在于其本身以及与其有关联的东西上。一具至高无上的黑方块,并不象征任何东西,它只是一种存在,由此而推进,则最终"白上白"成为了绘画艺术的最高境界。

马列维奇 1878 年生于波兰基辅的一个贫困家庭,受业于莫斯科绘画雕刻建筑学校,其至上主义思想影响了塔特林的结构主义和罗德琴柯的非客观主义,并通过李西茨基传入德国,对包豪斯的设计教学产生影响。1913 年,马列维奇的立体主义突然转向一种图表式形象拼凑,构成半画谜、半招贴画式的性质,《一个英国人在莫斯科》就是一个典型的例子。在这幅画上,具体的形象以反逻辑方式并列,是一种前达达派的构想。画上有俄罗斯教堂、马刀、蜡烛、剪刀、文字、锯子、鱼和梯子等等,这些在生活逻辑上风马牛不相及的事物,完全按画家的自由意志杂乱地并存在画面上。它们大小不均,事物间也毫无可供联想的因素。

同年,著名的《白底上的黑色方块》问世,标志着至上主义的诞生。马列维奇在一张白纸上用直尺画上一个正方形,再用铅笔将之均匀涂黑。这一极其简约的几何抽象画,于 1915 年在彼得格勒的《0、10 画展》展出,引起极大轰动。观众们在这幅画前纷纷叹息:"我们所钟爱的一切都失去了……我们面前,除了一个白底上的黑方块以外一无所有!"不过在马列维奇看来,画中所呈现的并非是一个空洞的方形。它的空无一物恰恰是它的充实之处;它孕育着丰富的意义。《白底上的黑色方块》不仅对马列维奇本人意义重大,而且对整个现代艺术史影响深远。它是非具象艺术道路上的一个里程碑。

　　十月革命后,马列维奇和俄国画家康定斯基同在苏联的"И30"工作。他们作画,搞雕塑,还搞设计与舞台美术,联系现代的机械文明,开始探索自己将要发动的大规模造型活动,这就是"构成主义"新观念的起端。十月革命前,俄国的美术界受到西方现代派运动的启迪,在艺术探索上表现得非常活跃。十月革命胜利后,这些俄国现代艺术流派的成员都满腔热忱地欢呼革命的到来,革命结束了原来的艺术集团,又被重新集结起来。而且这些崇尚现代派艺术的人被称作"左派",尊重传统的巡回展览画派被划入"右派"。马列维奇的"至上—构成主义"自称是左派画家,在 1919–1921 年间在莫斯科和列宁格勒教学时期,还大肆宣扬他的抽象艺术的哲学观。但终因不符合革命后苏联现实的要求,而只能得到西方现代派艺术家的同情与支持,直到马列维奇在贫困与默默无闻中死去。

　　至上主义是传统绘画时代终结的标志,而整个至上主义艺术团体中几乎只有马列维奇一个人。最著名的《白色上的白色》问世,是标志着至上主义终级性的作品,彻底抛弃了色彩的要素,白色成为光的化身。画家所要表现的,是某种最终解放之类的状态,即某种近似涅槃的状态,而那细小的、难以看清的边缘,就是涅槃留下的唯一具象痕迹。这是至上主义精神的最高表达,方块:感情;白底:超越此感情的空间。在马列维奇的艺术里,没有死亡,而是萌发出了新的革命性意义。

色彩的真谛

马列维奇不断探索着形体、色彩与空间的关系,断言说:"如果想成为真正的画家,那么画家必须抛弃主题与物象。"他否定了绘画中的主题、物象、内容、空间之后,简化成为最终的表现,人们的意识在接近于零的内容之中,最后在绘画的白色沉默之中被表现出来。"无"——成为了至上主义最高的绘画原则。马列维奇以其一系列谜一般的作品,为 20 世纪的艺术界勾勒出了另一片璀璨的星空,预示着从达达主义到后来的极简主义等多种艺术运动时代的来临。马列维奇为艺术开辟了无限广阔的前景,任由后来者遨游与徜徉。

知识链接

彼埃·蒙德里安

1872-1944,荷兰画家,几何抽象画派的先驱,与德士堡等组织"风格派",提倡艺术"新造型主义"。认为艺术应根本脱离自然的外在形式,以表现抽象精神为目的,追求人与神统一的绝对境界,即今日的"纯粹抽象"。蒙德里安早年画过写实的人物和风景,后来逐渐把树木的形态简化成水平与垂直线的纯粹抽象构成,从内省的深刻观感与洞察里,创造普遍的现象秩序与均衡之美。他崇拜直线美,主张透过直角可以静观万物内部的安宁。蒙德里安及其荷兰"风格派",作为一种艺术运动,并不局限于绘画。它对当时的建筑、家具、装饰艺术以及印刷业都有一定的影响。代表作品《灰色的树》等。

始终如一创造印象传奇

印象派运动是 19 世纪自然主义倾向的巅峰，也是现代艺术的起点。印象派的创始人虽说是爱德华·马奈，但真正使其发扬光大的却是克劳德·莫奈。对这一艺术环境的形成和描绘现实的新手法，克劳德·莫奈比其他任何人贡献都多，对光影之于风景的变化描绘，已经到了出神入化的境地。

莫奈的名字与印象派的历史密切相连，对光色的专注远远超越物体的形象，使得物体在画布上的表现消失在光色之中，让世人重新体悟到光与自然的结构。所以这一视野的嬗变，以往甚至难以想象，它所散发出的光线、色彩、运动和充沛的活力，取代了以往绘画中僵死的构图和不敢有丝毫创新的传统主义。莫奈最重要的风格，是改变了阴影和轮廓线的画法，在作品中看不到非常明确的阴影，也看不到突显或平涂式的轮廓线。除此之外，他对于色彩的运用相当细腻，用许多相同主题的画作来实验色彩与光完美的表达，常常在不同的时间和光线下，对同一对象作多幅的描绘，从自然的光色变幻中抒发瞬间的感觉。

然而，就是这样一位艺术大师，曾经被怒斥为"疯狂、怪诞、反胃、不堪入目！"——那是 1874 年，巴黎一位艺术批评家对莫奈等人"不落俗套"的油画、蜡笔画和其他绘画展览的强烈批评。参展者是一群不肯在官方巴黎沙龙展出作品的青年叛逆者，他们像莫奈一样着色怪异，下笔粗放，以简朴的日常生活为题材，不随时尚绘画端庄人像和宏伟的历史场面。画展迅即成为巴黎街谈巷议的话题，群众不但前往讪笑，甚或向画布吐口水。在这其中，莫奈所绘的一小幅海景《日出印象》受讥嘲最多，一个擅长讥诮别人的评论家就用此题名挖苦大家为"印象派"。

面对铺天盖地的反对和嘲讽，莫奈相当冷静，反过来劝他的朋友们不要动怒，莫若借用评论家那个"印象派"的诨号，以示顽强又坚决的反抗。朋友们觉得莫奈的话有道理，便纷纷放下心中的愤怒，心甘情愿成为"印象派"中的一员，努力创作更惊艳于世的图画。此时的莫奈顿时感觉到一种无形的力量，他那壮健的身材、浓密的棕色长发、炯炯有神的黑眼睛、蓄须的清秀面庞，处处充满了前所未有的自信，无愧于后世"印象派之父"的称谓。是的，莫奈坚信——只要大家继续用同一风格作画，总有一天，定会让法国人认可并欣赏他们的作品。从经济上着眼，那次画展完全失败，一幅也没有卖出；但如莫奈所料，这种新作风的画自此有了名气，后来竟响彻全球风靡了千百万人，大家不惜重金争购，莫奈那一小幅《日出印象》现在至少要值 200 万美元。

莫奈 1840 年生于巴黎，父亲是杂货商，在莫奈 5 岁时全家迁往诺曼底。在当地就学后，他将学校视同牢狱，在悬崖和海边嬉戏的时光多于听课，故此学习成绩不佳，在班上总是排在倒数几名的位置上。莫奈唯一的爱好是绘画，常常在笔记本上作素描，以老师和同学为对象画漫画，日积月累，倒也掌握了一些绘画技巧。不过，父母对此不赞成，常常批评他，督促他要好好学习文化课程。小莫奈乐此不疲，加上与生俱来的禀赋，几年过后，他的木炭漫画已经小有名气，可以开价 10~12 个法郎。

后来，在诺曼底的海滩上，莫奈遇到了艺术家欧仁·布丹，两人一见如故，布丹从此成为莫奈的良师益友并教授他学会画油画。18 岁时，布丹邀他同往户外写生，那时管装颜料刚刚发明，户外写生还是新鲜玩意儿。莫奈起初不以为然，老师布丹语重心长地告诉他说："当场画下的任何东西，总是有一种以后在画室里所不可能取得的力量、真实感和笔法的生动性。"莫奈在后来的绘画生涯中，终于领悟到师法自然的妙处，从此严格按布丹老师的话去做，内心里充满了对大自然的热爱。后来，也有青年画家曾经向他求教,莫奈则指着云天河树说:"它们是老师,向它们请教,好好地听从它们的教导。"

莫奈的一生可谓多灾多难,在情感上和生活上屡受打击,有着普通人拥有的幸福,同时也承受了常人难以想象的痛苦。26岁那年,一位鉴赏家对他的《绿衣女郎》大为赞赏。那是一幅清新活泼的人像,画的是莫奈的心上人唐秀。唐秀是个弱质纤纤的黑发女郎,多年来莫奈从她那里获得灵感,可是中产阶级出身的父母对这样的结合非常愤怒,断绝所有对莫奈的经济援助。在最窘迫的日子里,幸亏好朋友们鼎力相助,才没有让这对患难爱人被饿死。

也就在那年夏天,莫奈在创作上有了极高成就。为了要画阳光在水面闪烁和树叶颤动,他采用新法,把幽暗的色彩通通抛弃,改用纯色小点和短线密布在画布上,从远处看,这些点和线就融为一体了。那时还未命名的印象主义画法,就在那年夏天诞生。普法战争爆发后,莫奈把唐秀托付给朋友照顾,自己只身前往伦敦。伦敦缥缈的轻烟和浑浊的浓雾使他着了迷,后来他又去过几次伦敦,前后用晕色画了很多幅泰晤士河上的大小桥梁,一种恍非尘世的诡异色彩笼罩着幅幅画面。

战争结束后,莫奈回到法国,带着妻儿到塞纳河上的阿乡德尔市居住了6年。莫奈每天自晨至暮都在户外写生,还弄到了一艘小船,辟为画室,不论阴晴寒暑,他都不在室内工作。塞纳河封冻了,他在冰上凿孔置放画架和小凳;手指冻僵了,就叫人送个暖水袋来;在海上美岛沙滩上作画时,因大西洋风势疾劲,便把自己和画架缚在岩石上。莫奈以同样刻苦顽强的精神,应付生命中的种种逆境,咬紧牙关挺着,坚持着——那是1878年,他们的次子出世,结果唐秀患重病。莫奈既要看护病人,又要照顾婴儿和洗衣做饭,还得抽空在街上兜售油画;虽然幅幅都是杰作,但并没有更多人认可,收入简直太微不足道了。在这样艰难的岁月里,唐秀饱受着疾病的折磨,却没有钱去医院治疗,最后还未到30岁便溘然长逝,给莫奈留下深深的悲痛和思念。

莫奈首次享受到快乐而富裕的生活,是几年后的事情了。他带着两个儿子和一个有 6 个儿女的寡妇霍施黛组织了新家庭，住在巴黎市外一幢盖得不整齐的农舍里，草地上有一条逶迤的小溪蜿蜒流过，花园旁有条单线铁路，每天有火车往来。从此这里成为莫奈的人间乐土，大约前后 43 年，他以这个地方入画，并在这里终老。

有一天，莫奈和助手在屋后山坡作画，画的是夕阳下的干草堆。15 分钟后，光线变了，绘画工作无法继续，令莫奈大为苦恼，于是叫助手回家去再拿块画布来。然而没过多久，随着光线的变化，不得不再换一块画布，著名的"系列"油画由此产生了。不同的画作有不同的效果，大大引起了莫奈的兴趣，于是他一年四季无论晨昏早晚都画这个干草堆，出门时带着十几块画布，随光线或天气的改变而一块块地换着画，向世人展现出艺术家非同寻常的观察力、创造力和毅力。

莫奈最喜欢画水。搬到这片人间乐土后不久，就引溪水筑池，在池里种了黄、红、蓝、白和玫瑰色的睡莲。由于亲手栽种和培育，莫奈对这些花的热爱与日俱增，前后将近 30 年，屡画不厌，并且越画越大越抽象，观者会有悬身于怪异水世界上空的感觉，看着白云的倒影在睡莲巨叶间的水面滑过。晚年因为风湿病已不能在画架前作画，莫奈便在家里客厅的墙壁上，用绑着长杆子的油画笔作睡莲的写生，水光花影，斑驳闪耀，虽然已经不像青年时代那样严谨、认真，但其敏锐而独到的色彩观察力，却丝毫不减当年。如今，他画过睡莲的这座宅院已经开辟为莫奈纪念馆，珍藏着许多印象派画家的作品。

莫奈晚年最得力的朋友，是第一次世界大战时的法国总理克雷芒梭。有一天莫奈对克雷芒梭说，他想造一间陈列室，四壁满挂巨幅睡莲画，好让人在这炮火连天的世界里，有个可以静思的地方。克雷芒梭鼓励他进行这项计划。可是莫奈的视力日渐衰退，常因力不从心而愤怒地把画布割破，并曾有一两次说要放弃这个计划。忙得不可开交的总理听了，便从内阁办公室赶到莫奈的住地，劝他不要气馁。"画吧，画吧，不管你自己知道不知道，会有不朽之作的。"克雷芒梭没有说错——莫奈为纪念第一次世界大战休战，献给法国的《睡莲补壁》油画，被公认为是他最伟大的作品。

接受白内障手术后，莫奈的目力得到恢复，因此得以在暮年继续作画。他知道自己已经实现了少年梦想，把"不可能画得出的空气美"差不多画了出来，因此在 86 岁去世前夕，还在信里回味自己在工作中得到的无比欢乐。

逐梦箴言

"我想在最易消逝的效果前表达我的印象。"这是莫奈追求的画旨。他非常喜欢画受约束的自然：他的花园、他的睡莲、他的水塘和他的小桥，也画塞纳河岸的上上下下，常常从普通的风景中挖掘其魅力。莫奈漫长的人生之旅多灾多难，但他将创作热情全部倾注在印象派技法上，为了坚持这个信仰，曾拒绝参加展览以示反抗。正是这种始终如一的坚贞性格，令莫奈成为印象派中影响力最大的人物。他更像个隐士，作为印象派的先行者，当不得不单枪匹马奋力前行的时候，坚强的莫奈在孤独中创作了色彩的传奇！

知识链接

欧仁·布丹

1824-1898，又被译为尤金·布丁，法国 19 世纪风景画家，被誉为"天空之王"，曾跟米勒和特罗容学画。他生于水手之家，为人和他的绘画一样谦虚纯朴，喜爱描绘港口及大海情景，终其一生热爱法国西部海岸的家乡诺曼底。他起初在一家造纸厂做印刷工人，后来在卢浮宫当了一阵制版工，然后又来到了翁佛勒安顿下来，那里的桥是画家的挚爱。他的作品于1857 年第一次展出。布丹下笔精确，迅速而轻盈，风景生动，富有生活气息。布丹是莫奈的启蒙老师，不过他只是印象派的铺路石，当印象派兴起时，布丹已黯然失色了。代表作《图维尔的沙滩》和《安特卫普的港口》等。

■ 咏叹生命的喜悦与美好

　　提起法国画家雷诺阿,令人不禁浮现女性盈盈含笑的妩媚画面,或是孩童纯挚的容颜、轻松欢乐的聚会,还有阳光下款款起舞的人群……他的作品呈现一种优雅自然的美,除了最直接的愉悦感受外,不会让人有任何思考性的负担,找不到对人生负面的反应与答案。在所有印象派画家中,雷诺阿也许是最受欢迎的一位,他曾说过:"为什么艺术不能是美的呢?世界上丑恶的事已经够多的了。"

　　少年时,雷诺阿的绘画天赋就逐渐展露出来;到了 23 岁,以雨果小说《巴黎圣母院》的主人公为题材的风俗画《爱斯密拉达》为沙龙接纳,这是凡·高、塞尚等人一生未能获得的荣誉。1876 年,他创造了自成一格的印象主义,完全符合他的创作想象力的豪壮风格。阳光、空气、大自然、女人、鲜花和儿童,是雷诺阿一生用丰富华美的色彩所弹奏的主题。

　　奥古斯特·雷诺阿 1841 年生于法国中部偏西的城市利摩日,父亲是一位裁缝,母亲专做妇女的连衣裙。4 岁时全家人一起到了巴黎,到了上学的年龄,他进入一个基督教教友会创办的学校,它设立在一个旧修道院的附属建筑物里。雷诺阿从小做事认真,对于识字、并写、计算,莫不如此。不过,他突出的才能还是表现在绘画方面。由于家庭生活并不宽裕,为了节省纸张,他常用父亲画衣服样子的粉笔,在地板上作画。母亲看在眼里,为他买了练习本和铅笔,她认为自己的孩子"将来会搞出点名堂来"。或许正是这样的出身,让雷诺阿始终以平民风格接近人们。

雷诺阿在音乐方面也具有天赋,著名作曲家古诺认为他的声音极好,在男中音这方面会大有发展前途。古诺不仅单独教给他如何识谱、演唱,而且指导他作曲,经这位老师推荐,雷诺阿进入了圣艾弗斯塔来教堂的合唱团。古诺还专门请出修道院院长,去动员雷诺阿的父母同意其学音乐。然而由于家里的经济状况相当窘迫,无力支持雷诺阿继续学习,父母不得不为他寻找一个生活上的出路。13 岁时,一位瓷器作坊的老板接收雷诺阿为学徒,由于他心灵手巧,不久就开始在瓷器的边缘上画一些花纹,后来又转向了人物画。这一段经历对于培养他分辨色彩和提高绘画技巧,起到了重要的作用。出色的工作,使他成为学徒中的佼佼者,为此雷诺阿拿到了 120 法郎的月工资。

雷诺阿非常刻苦勤奋,为了提高自己的水平,开阔眼界,每天中午都会抽时间到卢浮宫去观摩作品,自己作速写。晚上,有时会到雕塑家的工作室,去画下所看到的作品图形。后来瓷器作坊倒闭,雷诺阿到了一家手工艺作坊,在扇面和防雨窗帷上画画;此外还为巴黎 20 多家咖啡馆的墙壁画过装饰画,包括到巴黎郊区枫丹露森林中去写生。他认为用铅笔画上几笔,要比空洞的大道理更有价值;他的体会是一时不动画笔,手很快会变得僵硬。经过几年打工,雷诺阿积蓄了一点钱,便怀着无比激动的心情报考了美术学校,并与莫奈、巴齐依、西斯莱等结为好朋友。

大画室里除去在画架上作画的人之外,就是隔玻璃窗的模特儿。经济上拮据的雷诺阿,时常拾起废弃的颜料管,挤出所剩的颜料画画。有一次,朋友问道:“你好像是为了取乐而画画的。”雷诺阿的回答是:“假如我不是为了寻找乐趣,我就不画画了。”1864 年初,画室关闭,从此,雷诺阿与莫奈等一起走上了边创作边自学的道路。他们的生活十分清苦,有一段时间,吃的主食是用画换来的菜豆,吃的蔬菜是含淀粉的;所挣不多的酬劳主要用来支付画室的房租、模特儿的工资和买烤火用的煤。

不过,生活的艰苦并没有磨灭雷诺阿的意志,他依然坚持不懈地出去写生,时刻磨炼自己的绘画水平。有一次在枫丹露森林中作画,由于注意力高度集中,以致林中好奇的鹿站在一旁竟全然不觉,只是当他站起身来检查画面效果,将鹿吓跑后,他才得知。后来这样的事情经常发生,鹿有时扒到他的肩上向他的脖子吹气,有时还把他的面包吃掉。还有一次,雷诺阿遭到游人的取笑,这时巴比松派画家狄亚兹为他解了围,同时指出他画面上着色偏黑,并慷慨地告诉雷诺阿可以随意使用自己的颜料。接受了这位前辈大师的忠告和帮助以后,雷诺阿的画开始变得明亮起来,心里也增加了一丝温暖和感动。

60年代末期,雷诺阿常去盖尔波瓦咖啡馆。那里聚集了革新派画家,谦逊而稍带神经质的他,不怎么在那喧闹的场合里发言,对于那些理论性的问题,也不感兴趣。在他看来生活是美好的,绘画是生活中的重要部分,以睿智去捕捉生活中那些美好的事物,然后给以欢快的体现,也就够了。雷诺阿画人物时是最有趣的——他的弟弟一会儿向过路的男士问时间,一会儿拦住一位女性打听道路,每每弟弟与人交谈之际,雷诺阿便迅速地将人物的形象记入了自己的画本。

艰苦的物质生活并未影响雷诺阿对于生活的热爱,欢乐、愉快几乎贯穿于他全部创作活动之中,《烘饼磨坊街的舞会》和《游览后的午餐》是这方面的代表作。对于发现、挖掘现实生活,画家乐此不疲,他常常说:"必须随时准备出发去寻找新的题材。"在出外采风时,他随身只带一把牙刷和一块肥皂;他蓄起了胡子,并不是为美,而是挤出了刮脸的时间去作画;外出吃饭只找小饭铺,住宿最简朴的小店;凡是能够步行去的地方,不坐车;坐火车买的是三等慢车票,在他看来这样不仅省钱,还便于观察、体验生活。由于雷诺阿有丰富的生活体验,他的作品除去大量的人物画外,也有风景画、静物等,它们大都是易于为人接受,包括一些反对印象主义的人,也无法拒绝。1878年,在一次拍卖行举办的画展上,巴黎富有的出版商买下了雷诺阿的《河边的渔夫》。后来,画家又为富商的夫人画像,得到一大笔酬劳,终于有能力租到了一个带花园的房子,屋后的花园可以使他在户外作画,这里也成为朋友们的聚会之所。

当绘画方面越来越有成就的时候,疾病也悄悄来临,他从40多岁起经常生病。而56岁时,一次骑自行车滑进了水坑,正好跌倒在一堆乱石上,雷诺阿的右臂被摔断,从此留下了后遗症。但在右臂打上石膏的时候,他依然坚持用左手作画;到了转年的年底,右臂已不能活动,从此他开始了和病痛斗争的漫长岁月。几年后,雷诺阿的右眼神经部分萎缩,风湿又加速了它的萎缩,手指开始蜷缩,已捏不住画笔。到后来,又发展到走路不稳,开始是将拐杖头包上橡皮防滑,很快又由一支拐杖变为两支,直到最终与轮椅相伴,全靠妻子照料。即使在这种情况下,雷诺阿依然坚持作画,为了防止手被画笔磨破,在手心里垫上一块柔软的布。当人们看到那畸形可怕的手,听到骨关节发出咯咯响声的时候,很难想象这位老画家是怎样作画的。

　　严重的疾患、瘫痪的双腿、严重变形的双手,这些都没有迫使雷诺阿放下画笔。无论是天空还是飞鸟,或草丛中的小虫,他都能明察秋毫——磨难的后果,愈加激发了他奋力作画的决心。1919 年 12 月 3 日,临终前的雷诺阿只有一个要求:叫儿子递给他素描用的铅笔。

逐梦箴言

　　"他把一切都看得那么美好。"综观雷诺阿的艺术生涯,他不愧为印象派的先驱,总的说来,他既在户外作画,也在室内作画;既注意在一定条件下的光景物对光反射的效果,也并不忽视景物自身的形态。在反对学院派的假想臆造、寻求生活中的实际的同时,也怀有对光、色瞬间变幻的印象的兴趣。雷诺阿经常描绘的对象是妇女和儿童,在他笔下的人物中,看不到忧郁、伤感,而是美好的、愉快的、迷人的,表现的是人们日常生活和平凡举止。他被贫穷和疾病困扰了一生,却给世人留下一曲永远的"春之声"!

我的未来不是梦

137

古诺

1818—1893,法国作曲家。自幼从母亲学钢琴,1836 年入巴黎音乐学院学钢琴和作曲,1839 年赴罗马进修,1870 年迁居英国,得宠于王室。代表作是将歌德的诗《浮士德》改编成的典型抒情歌剧,根据莎士比亚剧本改编的《罗密欧与朱丽叶》,还有最流行的《圣母颂》。其创作发挥了法国音乐优雅、清晰、匀称、洗练、真挚的特长,其艺术观点代表着新兴资产阶级的理想和追求。就音乐范畴而言,他是个眼界开阔的创新人物;在技术能力上,法国作曲家中难得有人能与之匹敌。对比才、马斯内和柴可夫斯基等后来作曲家的影响很大。

米开朗基罗作品《创造亚当》

智慧心语

1.走自己的路,让人家说去吧!

——但丁

2.无论头上是怎样的天空,我准备承受任何风暴。

——拜伦

3.只有执着追求并从中得到最大快乐的人,才是成功者。

——梭洛

4.你如果要做一个艺术家,你要牢记:必须开拓你的胸襟,务使心如明镜,能够照见一切事物,一切色彩。

——达·芬奇

5.患难可以试验一个人的品格;非常的境遇方才可以显出非常的气节;风平浪静的海面,所有船只都可以并驱竞胜;命运的铁拳击中要害的时候,只有大勇大智的人,才能够处之泰然。

——莎士比亚

我的未来不是梦

雷诺阿作品《莫奈夫人像》

第八章

寻找正确方向

　　"胸中没有大目标，一根稻草压断腰；胸中有了大目标，泰山压顶不弯腰。"每条河都有自己的方向，对于一只船来说，处于什么方向不要紧，要紧的是正向什么方向移动；如果盲目航行，所有的风就都将是逆风。而人生如果没有确定的目标，人就会丧失自己，即会"无所不在等于无所在"；反之，在一个崇高的目标支持下，不停地工作，即使慢，也一定会获得成功。努力吧——要向大目标走去，就先从小目标开始，让每一个脚印都落地有声！

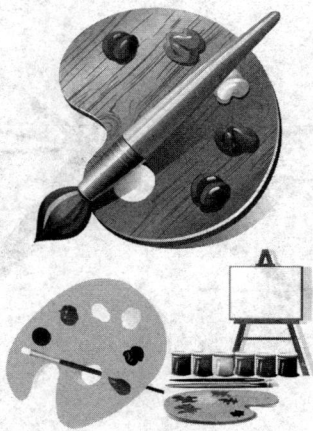

■ 我们是谁？从哪里来向何处去？

"两个女孩在海滨的沙滩上嬉戏，闲聊起各自的心事，直率、纯洁的眼神透过健美的赤铜色胴体向我们直视；背景上炫目的黄、蓝、白色与她们可人的姿态，令观赏者无限遐思。"这段话是评价一幅著名油画《塔希提岛》的，如此充满宁静祥和的世间天堂，是现代艺术史上的"象征派油画之父"高更的倾情力作，也是他一直向往和找寻的人间"失乐园"。

保罗·高更是法国著名的后印象派画家、雕塑家、陶艺家及版画家。他作画时用色大胆，在技法上采用色彩平涂，注重和谐，不强调对比。为了艺术的理想他做出了很多牺牲，他抛开了故乡和家庭，到地球的天涯海角作画，因此也有人称他为"画家中的探险家"。高更笔下的人间乐园，成为德国表现主义、野兽派等艺术创作的动力和源泉，在历史上与塞尚、凡·高合称为"后印象派三杰"。

1848 年，高更出生于巴黎，父亲是激进的共和派《国际新闻》杂志记者。由于担心自身安全，在高更出生第二年便举家迁往秘鲁，投靠高更母亲的家族。不幸的是，高更的父亲在途中还是去世了。母亲带着小高更投靠做总督的舅舅，直到他 7 岁时才重新回到法国。童年时的异国经历，让高更对外面的世界充满向往，总是幻想到更大更广阔的天地去看看。17岁时，高更成为了一名商船见习生，短短几年就晋升为二等驾驶员，足迹遍及南美和大洋洲；后来还加入了海军，去过地中海、北极圈等地，历经很多风险，也领略了很多奇异的风光。

我的未来不是梦

23岁的时候,高更放弃游历生涯,开始了安定的市民生活。不久,凭借自己的勤奋努力和聪明才智,他成为了一名成功的股票经纪人,并结婚生子,享有中产阶级生活的舒适安逸。闲暇之余,高更爱上了作画,并结识了不少印象派画家,还参与印象派的画展,渐渐地在美术界有了一些名声。后来,安逸的生活随着法国证券市场的崩溃而改变,高更顺势改行成为全职画家。但是,艺术家与经纪人不仅是名称的区别,更带来经济条件的很大差距,让高更饱尝了穷苦的滋味。为了生活,他不得不出外奔波,做过推销员、海报张贴员等工作;同时为了节省开支,一家人数度搬家,最终夫妻矛盾不断,导致分居。

然而,现实生活中的挫折并没有让高更放弃艺术追求,他毅然重拾冒险家的生活,开始在艺术和人生中的探索。他保持着与印象派圈子的密切往来,受到毕沙罗和塞尚的影响,作品已经呈现出印象主义的风格。38岁那年,高更数度前往布列塔尼的小渔村阿凡桥采访写生,坚持作画。布列塔尼位于法国西北部,是个风光秀丽、文化独特的地方,丝毫没有庸俗之气,与法国的其他地区很不一样。正是这种风土人情,勾起了高更对异国风情和原始气息的憧憬,让他踏上了去巴拿马和马提尼克岛的旅程。

旅途波折重重,高更受尽困苦与疾病的折磨,但他对艺术的追求还是相当乐观的。并且,他逐渐脱离印象派的画风,发展出综合主义画风,不再使用印象派那种经过分析的细碎笔触和光影,而是将造型简化,以纯色的平涂色块来表现。这使高更的艺术创作达到了高峰。

1891年,43岁的高更孤身一人乘船到太平洋上的小岛——塔希提,打算融入纯粹的自然之中,只与"野蛮"的人们交往,并要同他们一起生活。塔希提岛的原始风貌和简单的生活,给了高更源源不绝的创作灵感,让他感到幸福和满足。他无比激动地记录下当时的心情:"一股稳定祥和的力量已逐渐侵入我的身体,欧洲的紧张生活早已远去,明天、后天乃至未来的永永远远,这儿都会永恒不变地存在吧!"高更在这一时期创作出许多幅画,描绘塔希提的宁静、祥和,成为了他的代表作;无论是茂密的森林、温顺的动物,还是健康粗野的塔希提女子,都流露着高更对这种纯朴生活的热爱。

　　高更的艺术创作注重精神性与内心的表现，认为画家的想象力应该在画布上自由驰骋，不受约束，通过色彩抒发感情。他为了风格牺牲润饰和色彩，想尝试一下已经掌握了的方法以外的方法，这无疑是一次成功的探索，也标志着他与印象主义的诀别。正是这种探索，让高更找到了表现内心的自由，更通过亲身的冒险，寻得了心灵的归宿——塔希提。

　　事实上，现实中的塔希提并非人间乐园，在殖民统治之下，它亦难逃现代文明的侵蚀。首都帕皮提就非常的西欧化，由于外来人所带来的疾病影响，当地的土著人口急剧减少，一些本土的风俗习惯也在衰落。这一切都让高更十分失望，同时，仍然无法摆脱困苦与病痛的折磨。但高更还是坚持了下来，在农村租了一间小屋作画，画出自己心目中的人间乐园。他非常喜欢塔希提女子粗野健康又强烈的美，更喜欢她们天真直率的性格。他所画的塔希提女子的图画，都充满着赞美和喜悦，以及趣味盎然的生活气息，让当时巴黎的赏画者都为之着迷。

　　然而，在塔希提的岁月也有低谷，当得知自己年仅20岁的女儿因病去世时，高更痛苦万分，无比迷茫，曾经一度决定自杀。在实施自杀前，他用一个月的时间，把自己对于生命的思考，画在近4米长的粗麻布上，完成了巨著《我们从哪里来？我们是谁？我们往哪里去？》。这是高更创作的最大的一幅画，他自己这样诠释道："其意义远远超过所有以前的作品；我再也画不出更好的、有同样价值的画来了……这里有多少我在种种可怕的环境中所体验过的悲伤之情，这里我的眼睛看得多么真切而且未经校正，以致一切轻率仓促的痕迹荡然无存，它们看见的就是生活本身……"

　　画中的婴儿象征人类的诞生，中间摘果的人是暗示亚当采摘智慧果，寓意人类生存发展；而老人和雕像更预示着死亡的不可抗拒，整幅画意示人类从生到死的命运，包含了高更对塔希提生活的印象综合，也是对自己人生的总结和感悟。或许正是在塔希提，高更得到了心灵与外在世界的统一，渴望求得浑浊人类生命的本质。

　　不过完成作品后，高更得到思想的沉淀和升华，又活了下来。高更到

我的未来不是梦

底找到了什么答案呢?这幅画三段式构图中,从右向左,安排了 3 个主角、婴儿、采果的年轻人以及老妇人,轮流向我们诉说出生、过活和死亡的秘密。这是人类一生必然经历的过程,也是高更对自己内心省思的总结和他一生并未虚度的证明。

逐梦箴言

"苦难是人类最好的大学。"高更的一生,永远徘徊在逃避与追求间。逃避现代文明的窒息,追求自然与人性的完美结合,替文明本身找到了避难所。他的画作充满了音乐般动人的节奏感和优雅的装饰意味,不受任何外力的阻挠,哪怕是病魔缠身、饥寒交迫,也不能阻止他对美的追求和渴望。高更的艺术历程和人生,反映出他对血液中"野蛮"因素的认同与实现;他的艺术成就和对人生的感悟,离不开对原始、简单、纯朴的不懈追求。

知识链接

后印象派

从印象派发展而来的一种西方油画流派。在 19 世纪末,许多曾受到印象主义鼓舞的艺术家开始反对印象派,不满足于刻板片面的追求光色,强调作品要抒发艺术家的自我感受和主观感情,要表现出"主观化了的客观",后印象派从此诞生。后印象派对现代诸流派的发展有着重大的影响,直接导致结构主义的诞生。以凡·高、塞尚、高更和罗特列克等画家为代表。

塔希提岛

也译为塔西提岛,又称为大溪地,是南太平洋中部法属波利尼西亚社会群岛中向风群岛的最大岛屿,总面积约 1000 平方公里。岛上有人口 17.8 万余人。行政中心帕皮提。形状从空中鸟瞰似尾鱼,鱼头鱼身被称为"大塔希提",鱼尾叫"小塔希提"。因其秀美的热带风光、环绕四周的七彩海水、四季温暖如春、物产丰富,而被称为"最接近天堂的地方",当地人们管自己叫"上帝的人"。

■ 很少为人理解的孤独者

后印象派的另一名主将,是被推崇为"现代艺术之父"的法国著名画家保罗·塞尚。作为现代艺术的先驱,他对物体体积感的追求和表现,为"立体派"开启了思路;塞尚重视色彩视觉的真实性,其"客观地"观察自然色彩的独特性,大大区别于以往的"理智地"或"主观地"观察自然色彩的画家。他认为:"画画并不意味着盲目地去复制现实,而意味着寻求各种关系的和谐。"从塞尚开始,西方画家转向表现自我,并开始出现形形色色的形式主义流派,形成现代绘画的潮流。

在可以被当成 20 世纪探索绘画先知的 19 世纪画家中,从成就和影响来说,最有意义的乃是塞尚。塞尚的作品大都是自己艺术思想的体现,表现出结实的几何体感,忽略物体的质感及造型的准确性,强调厚重、沉稳的体积感,物体之间的整体关系。有时候甚至为了寻求各种关系的和谐,而放弃个体的独立和真实性。然而他又是一个很少为人理解的孤独者。他终生奋斗不息,为用颜料来表现他的艺术本质的观念而斗争,这些观念扎根于西方绘画的伟大传统之中,在包容性方面,甚至属于艺术中最革命的观念之列。

1839 年,塞尚在法国的埃克斯出生,祖辈是皮埃蒙特的小工匠和小商人。小学时,他在和圣约瑟夫学校就读,由于父亲交了好运,从帽店老板变成银行经理,他有机会被送入中学学习。19 岁时,塞尚带着坚实的基础知识和完整的宗教信仰,以及对同学埃米尔·左拉的真挚友谊从中学毕业,按照父亲的意愿进入大学法学院。选择不同的专业,并没有因此让他放弃素描课程,枯燥的法学反而更激发了对绘画的兴趣,塞尚更刻苦勤奋地努力创作了。遗憾的是,他在绘画方面的天赋并不高,加之身材矮胖、长着宽大额头和鹰钩鼻的面孔,大家都不太喜欢他,这样的待遇让他越来越孤僻,偶尔便会去游泳和打猎,在原野上远游;还醉心于音乐,希望放松心情。

20岁时,他的父亲在埃克斯附近购下一座花园,带着全家到那里避暑。塞尚兴奋极了,在别墅中安排了自己的第一间画室,决定自己选择自己的前途:不管父亲如何反对,他也要做画家!父亲早就给他保留了作为银行经理继承人的职位,知道塞尚的决定后非常生气,严重警告道:"孩子,想想未来吧!人会因为天赋而死亡,却要靠金钱吃饭。"虽然对这种资产阶级的生活观念感到愤怒,塞尚最后还是不得不屈服,还是不得不认可,因为生存是人类第一件要做的事情啊。

不过,塞尚不甘心就此放弃梦想,仍然偷偷地作画,对法律课程只给以有限的注意。这时,已在巴黎定居的好友埃米尔·左拉来信,鼓励他前往巴黎闯闯,结果被父亲知道后又是一顿震怒,拼命阻挠塞尚的这一计划。在这样的僵持中,塞尚无精打采地按父亲的指示工作,却什么也做不好。父亲不得不承认,自己的儿子实在没有从商的才能,再加上妻子和长女的敦促,最后在无奈中做出让步了。

终于,保罗·塞尚来到巴黎!他租了一间带家具的房间,在瑞士画院习画,与基约曼和毕沙罗交往,并继续和左拉保持着友谊;生活来源是靠父亲每月寄给他的125法郎,艰难地维持着。然而孤僻的性格让他根本无法适应首都的嘈杂,常常令他心烦意乱,不能静心思考事情,初期作品也远不能使自己感到满意。在这样不进入状态的学习心境下,塞尚一直努力争取进步,可始终未能考入巴黎高等美术学校。被否定的原因几乎如出一辙:"虽具色彩画家的气质,却不幸滥用颜色。"

屡受打击,自己的创作风格不被大众认可,年轻的塞尚有些无法承受,便垂头丧气地回到埃克斯。父亲见到儿子回归真是太高兴了,立刻在自己的银行中给他安排了一个职务,希望塞尚从此安心工作,过有条理有规律的生活。但塞尚并没有想从事银行工作,回来也只是换换环境,调整自己的心情。他骨子里从未想过要放弃画笔,甚至在工作之余,在四大块壁板上作了滑稽的模仿画《四季》,来装饰厅室;他偶尔还画自画像,有时候不得不接受父亲的教导,他便想到一个好办法——替父亲画像,这样便找到了"免费模特儿"。往往是父亲批评得累了,塞尚的画也完成了。不过,父亲和其他人一样,也不喜欢他的画作,认为塞尚就是在浪费时间和生命,纯属不务正业。

几年后,塞尚再次回到巴黎,然而他浪漫的画作被人们戏称为"大杂烩",依然不被认可和理解,在一次次艺术沙龙中落选。塞尚觉得很不开心,不管在哪儿都感觉不到赏心悦目,后来干脆断绝了刚刚结下的友谊,离开曾经吸引他的著名画家们,不断地变换住地,寻找创作灵感。《坐在红扶手椅里的塞尚夫人》是他为夫人画的肖像。在这一作品中,塞尚完全不考虑西方传统肖像画所要表现的人物性格、心理状态以及社会地位等等。在表现手法上,采用色彩造型法达到他一生追求的色彩与形体的结合。从此色彩与形体的表现,便成了塞尚一生所追求的"造型的本质"。

33 岁的时候,塞尚听取毕沙罗、基约曼的建议,摒弃"杂烩"方法,绘画的色调变得明亮,用笔开始准确,手法也简练起来。这时,塞尚还认识了凡·高,得到了加夏大夫的鼓励,一些懂得深思熟虑的绘画爱好者买了他几幅画。尽管仍然遭到某些人的反对,塞尚还是参加了 1874 年第一届印象派画展。该画展得到的是一片奚落与嘲笑,其中塞尚得到的嘲讽更多些。不过同时也有意外收获,一位伯爵买下了他的《自缢者的房屋》,政府的一位职员还成为他的崇拜者和密友,并多次为他做模特儿。这些变化让塞尚激情勃发,自此迎来了创作生涯中安宁和多产的时期。

塞尚的作品在思考、把握和造型方面都达到新的境界,然而他的性格却变得更加乖戾了,不能容忍社会的压力和社交界的虚荣。这个极为仁慈慷慨的人,会被鸡毛蒜皮的小事所激怒,当他那纯朴的自尊遇到障碍时,便感到无比痛苦。他的作品每年都在沙龙落选,美术学校的拙劣画家对他极尽嘲笑,公众对他长期不解,这些使他的神经衰弱有增无减。1877 年,塞尚以 16 件作品参加了佩尔蒂埃街的印象派画展,结果和 1874 年一样,得到的还是公众的反对。

塞尚的父亲从来就不同意儿子搞艺术,借机减少了那点微薄的生活费用,希望儿子能"迷途知返"。塞尚因此比以往更加孤僻,索性闭门不出。90 岁高龄的父亲在无比痛心中去世,给他留下 200 万法郎的遗产,这在当时是笔巨款。可是塞尚对社会中人与人的关系非常反感,决定不参与那些无聊的世事,将全部精力和时间用于绘画。他甚至与好友左拉断绝了来往,让妻子和妹妹管理家务和教育孩子,自己则在狂热和疑虑中继续探索绘画的真谛,以坚韧不拔的精神一共创作了 250 多幅油画,渐渐为人所知。

后来,克劳德·莫奈用 800 法郎买下塞尚的画作《村庄之路》,立刻引起议论纷纷,认为克劳德·莫奈是疯了。同时,一家画廊还展出了塞尚的 150 幅作品,更是引起报界的愤慨,大家聚集起来表示反对,甚至于官方的画家们也来抗议展出。塞尚非常悲哀地发现:他的声望在纷扰的社会舆论中意外提高了! 从此,众多独立派画家和新美术爱好者向他表示好感,一颗孤独的艺术家的心灵终于慢慢被理解,被认知了。

而塞尚自己,则一心一意地献身于风景、肖像和静物各个主题,立志要"将印象主义变得像博物馆中的艺术那样坚固而恒久"。塞尚的静物之美终于得到了世界的认可,他眼里的高尚风度,不是表现在各种虚设上,而在于真诚直率地表现人民的生活,这些作品不仅本身完美,同时也开辟了美术史上的一个新纪元。

逐梦箴言

　　塞尚重视绘画的形式美，强调画面视觉要素的构成秩序。这种追求其实在西方古典艺术传统中早已出现。而塞尚始终对古典艺术抱着崇敬之情。他曾说："我的目标是以自然为对象，画出普桑式的作品。"塞尚力图使自己的画达到绝妙的均衡和完美，并且坚持不懈地向着这方面努力，进行异常执著的追求，以至于不被大众和旧观念认可，受到重重打击和非议。但他依然故我地"走向极端"，脱离了西方艺术的传统，最终被人们尊奉为"现代绘画之父"。

知识链接

埃米尔·左拉

　　自然主义文学理论创始人，被视为 19 世纪批判现实主义文学遗产的组成部分。1840 年出生在巴黎，7 岁时父亲病故，他和母亲在外祖父的接济下生活；中学时已显露文学才华，试写了一些小说、诗歌和喜剧及抒情文章；22 岁那年进阿谢特书局当打包工人，不久即以诗作出众被提升为广告部主任。这期间陆续在报刊上发表作品。从 28 岁到 54 岁，勤奋写作 26 年，终于写成巨著《鲁贡玛卡一家人的自然史和社会史》，其中包括 20 部长篇小说，登场人物达 1000 多人。

亨利·罗特列克

　　亨利·德·图卢兹·罗特列克，生于 1864 年，法国贵族、后印象派画家、近代海报设计与石版画艺术先驱，为人称作"蒙马特尔之魂"。罗特列克承袭印象派画家画风以及日本浮世绘之影响，开拓出新的绘画写实技巧。他擅长人物画，对象多为中下阶层人物。其写实、深刻的绘画不但深具针砭现实的意蕴，也影响日后毕加索等画家的人物画风格。

我的未来不是梦

■ 用心灵作画的艺术先驱

　　"保罗博士安详地坐在桌旁,一手支撑着头,一手平放桌面;他目光凝重,陷入了沉思。这个静态姿势恰恰突出了人物内心的不平静。画面揭示了被画者的复杂性格,表示了他的消沉、矛盾与对真理的痛苦探索。"这是法国著名画家凡·高的最后一幅画,也是他创作肖像中画最好的一幅。凡·高绘画,既不为名,又不为利,他之所以要拼着一条性命去画,仅是为了排遣内心深处一种不可名状的"根本孤独感",画稿完成以后不几天,37 岁的凡·高永远离开了人间。

　　文森特·威廉·凡·高,荷兰后印象派三杰之一。他是表现主义的先驱,并深深影响了 20 世纪艺术,尤其是野兽派与德国表现主义。凡·高的作品,如《星夜》《向日葵》与《有乌鸦的麦田》等,现已跻身于全球最具名望、广为人知与昂贵的艺术作品的行列。为了能更充分地表现内在的情感,凡·高探索出一种所谓表现主义的绘画语言;在他的画上,强烈的情感完全溶化在色彩与笔触的交响乐中。

　　凡·高早期作品受印象主义和新印象主义画派影响,代表作有《食土豆者》《塞纳河滨》等,曾两次在咖啡馆和饭馆等地,向劳工阶层展出自己的作品。不久,凡·高厌倦了巴黎生活,来到法国南部的阿尔勒,开始追求更有表现力的技巧;同时受革新文艺思潮的推动和日本绘画的启发,大胆探索自由抒发内心感受的风格,以达到线和色彩的自身表现力和画面的装饰性、寓意性。他认为:"颜色不是要达到局部的真实,而是要启示某种激情。"在画作中,浓重响亮的色彩对比往往达到极限;而那富于激情的旋转、跃动的笔触,则使他的麦田、柏树、星空等,有如火焰般升腾、颤动,震撼观者的心灵。

当时凡·高的作品虽很难被人接受,却对西方 20 世纪的绘画艺术有深远影响,同时对现代人也有着积极影响。凡·高死后不出几年,一些画家就开始模仿他的画法,为了表现强烈的感情,可以不对现实做如实的反映,这种创造性的态度被称作表现主义,并且证明是现代绘画中一种历久不衰的倾向,即为了主观意识而对物体进行再塑造。

尽管高更和凡·高的名字双双成为现代表现主义的先锋,成为极端个性化的艺术家的典型,但他们的个人性格特点又有某些不同,凡·高对于共事的艺术家,充满了一种天真的、热情的、深沉的爱。法国的野兽主义、德国的表现主义,以及 20 世纪初出现的抒情抽象主义等,都从凡·高的主体在创作过程中的作用、自由抒发内心感情、意识和把握形式的相对独立价值、在油画创作中吸收和撷取东方绘画因素等方面得到启发,形成了各自不同的绘画流派。

1853 年 3 月 30 日,凡·高出生于荷兰乡村的一个新教牧师家庭。家里孩子众多,生长在夭折的亡兄阴影下的凡·高,早年并没有得到父母过多的关注,从而养成了他认真、沉默与慎思的性格。他 7 岁到乡村学校就读,其唯一的老师是天主教徒,并有约 200 名学生。自 8 岁起,凡·高和妹妹在家中由家庭女教师指导,一直到 11 岁才有机会到荷兰正式读寄宿小学。

可以说,小时候的凡·高是孤独的。他经常一言不发地从兄弟姐妹们面前走过去,出了园门,穿过田野,沿着草地的小径前行,要到溪边去。兄弟姐妹们从他随身所带的玻璃瓶和鱼网中看出了这一点,但是没有一个人敢在身后问:"哥哥,我能一起去吗?"不过,兄弟姐妹们很了解凡·高在捕捉昆虫时有多聪明。因为每次回来时,凡·高总给他们看各种各样的甲壳虫:有着闪烁的、褐色的壳,大而圆的眼睛,以及从水中出来后便神经质地伸缩着的弯曲的腿……孩子们带着尊敬的口气谈论他,但是他们不敢

我的未来不是梦

要求去那清新凉爽的溪边，溪边开放着美丽的勿忘我和玫瑰色的睡莲，在那儿，把双手插入闪光的白沙之中，不受半点尘染。孩子们凭本能感觉到：他们的哥哥喜欢独处；每个从寄宿学校回来的假期，凡·高所寻求的不是陪伴，而是孤独。

凡·高知道最珍贵的花长于何处。他避开那有着笔直街道的、井然有序的村庄，通过丘陵和山谷寻他的道路。每次他总能发现令人惊奇的东西，窥察到自然界稀有的动物和鸟类。如果看到一对云雀降落在麦田里，他知道该怎样接近它们而不折断周围的禾叶。那时候凡·高没有留下一幅钢笔或铅笔的素描。这个未来的画家，当时并没想画画，只是沉思默想，用小男孩的极大好奇心，审视一个雕塑家助手用黏土给他做成的小像。后来，凡·高做了他平生第一幅画：冬天的花园里，一只猫在光秃秃的苹果树上疯狂地飞奔着。这幅画使母亲大吃一惊，孩子艺术感觉的自然表达是如此惊人，实在令人难以相信。也就是从那时候开始，父母才开始关注这个孤独的孩子，试着去了解他的心灵世界。

10岁时，凡·高开始学写生、临摹石印画。中学毕业后当店员、商行职员，解职后，从事教书和其他工作。凡·高生性善良，早年在父亲的影响下，曾经想做一名传道士。有很多次，凡·高看到老白马拉着垃圾车，赶车的人们穿着又脏又臭的衣服，和《穷人的长凳》那幅画中的穷人相比，赶车的人们似乎更穷，陷入贫困而不能自拔。凡·高忽然感觉特别悲哀，他亲眼目睹这一切，却无法用语言去描写那种孤独、贫穷和苦难的形象，心灵在强大的震撼中纠结和思索，除了传道，不知道还能如何帮助那些可怜的人们。

为了"抚慰世上一切不幸的人"，凡·高还曾经自费到一个矿区里去当过教士，跟矿工一样吃最差的伙食，一起睡在地板上。矿坑爆炸时，他冒死救出一个重伤的矿工，感受到生命与死亡原来离得那么近。然而在他主持的葬礼上，一位老人的厉声谴责使凡·高猛然变得清醒，他开始意识到——这世界上根本就没有救世主，矿工们再也不需要上帝，贫困的垃圾工也触摸不到上帝；他们唯一需要的，是如何战胜贫困，如何摆脱疾苦。从此，怀着对土地的无比热爱，对严酷现实的痛恨，对人民痛苦的同情，对不公正事情的无奈,青年凡·高毅然放弃舒适的中产阶级生活,放弃了和父亲一样的宗教殉道者的道路,决定以绘画为传达方式,成为农民贫苦生活的代言人。

凡·高多次深入农村、矿场,和贫苦大众生活在一起,用画笔捕捉最本质和真诚的生活态度,将自己同巴黎众多的曲高和寡的高雅艺术家区分,将色彩从当时精巧的传统绘画方法中抽离,用于表现最本质的画面情绪,传达他对生命的布道。虽然初期他的绘画用色还较暗,但凭借孜孜不倦的探索和勤奋的创作,渐渐走出晦暗,显出强烈而明朗的激情,以生命喻死亡的主题具有象征意义。

现在的凡·高有了惊人的身价,那幅《鸢尾花》据说价值 5000 万美元。但是凡·高生前没有卖出一幅画,生活也相当窘迫,往往为弄到画布、油彩和画具而日复一日地奔波劳碌;他的精神上也不断处于矛盾的状态,为追求艺术的完美而承受着压力。生活中所有的艰难和尴尬、无奈和无聊、孤独和忍受,都像一个沉重的荷载加在他的身上,漫漫无期。凡·高经常鼓励那些穷人:"谁在爱,谁就在活着;谁活着,谁就要工作;谁工作,谁就有面包。"然而他经常没有自己的面包,生活来源完全靠弟弟支持;或许凡·高拥有的只有一个信念:"只要奋斗,我们就能活下去。"

在这样艰苦卓绝的境况中,凡·高找到了与大自然适应的 3 把钥匙:一是改变古代大师不画劳动的人的做法,直接根据生活创作绘画。二是从画室里走出来,实地写生。三是比例与真实。他认为,一件作品包含的感情越丰富,它就越忠于自然。

凡·高全部杰出的、富有独创性的作品,都是在他生命最后的 6 年中完成的,一改低沉而为响亮和明朗,好像要用欢快的歌声来慰藉人世的苦难,以表达他强烈的理想和希望。一位英国评论家说:"他用全部精力追求了一件世界上最简单、最普通的东西,这就是太阳。"凡·高的画面上不单充满了阳光下的鲜艳色彩,而且不止一次去描绘令人逼视的太阳本身,并且多次描绘向日葵。为了纪念他去世的表兄莫夫,他画了一幅阳光下《盛开的桃花》,并题写诗句说:"只要活人还活着,死去的人总还是活着。"

我的未来不是梦

155

凡·高的确是非常超前的画家。他作品中所包含着深刻的悲剧意识，其强烈的个性和在形式上的独特追求，远远走在时代的前面，的确难以被当时的人们所接受。《向日葵》就是凡·高在阳光明媚灿烂的法国南部所作的。他像闪烁着熊熊的火焰，满怀炽热的激情令运动感的和仿佛旋转不停的笔触是那样粗厚有力，色彩的对比单纯强烈，让十几朵简单插在花瓶里的向日葵，呈现出令人心弦震荡的灿烂辉煌。观者无不为那激动人心的画面效果而感动，激情也喷薄而出，跃跃欲试想融入到凡·高丰富的主观感情中去。凡·高笔下的向日葵，不仅仅是植物，而是带有原始冲动和热情的生命体。

然而在这幅充满生命力的《向日葵》的同时，画家死命想抓住的这个世界，还是缓慢却无情地溜走了。1880年7月29日，37岁的凡·高永远离开了人世，只把真正的伟大艺术和渴望唤醒良知、渴望改造世界的信念——留给了一代又一代。

逐梦箴言

凡·高热爱生活，但在生活中屡遭挫折，艰辛备尝。他献身艺术，大胆创新，在广泛学习前辈画家的基础上，形成了自己独特的艺术风格，创作出许多洋溢着生活激情、富于人道主义精神的作品。他摒弃了一切后天习得的知识，漠视学院派珍视的教条，甚至忘记自己的理性。在凡·高的眼中，只有生机盎然的自然景观，他陶醉于其中物我两忘；他视天地万物为不可分割的整体，用全部身心拥抱一切。凡·高是位用心灵作画的艺术大师，用绘画表现心中的苦闷、哀伤、同情和希望，至今仍享誉世界！

知识链接

野兽派

野兽主义是自 1898 至 1908 年在法国盛行一时的现代绘画潮流。野兽派画家热衷于运用鲜艳、浓重的色彩，往往用直接从颜料管中挤出的颜料，以直率、粗放的笔法，创造强烈的画面效果，充分显示出追求情感表达的表现主义倾向。野兽主义继续着后印象主义画家的探索，追求更为主观和强烈的艺术表现。对西方绘画的发展，产生了重要的影响。他们吸收了东方和非洲艺术的表现手法，在绘画中注意创造一种有别于西方古典绘画的疏、简的意境，有明显的写意倾向。

表现主义

现代重要艺术流派之一。20 世纪初流行于德国、法国、奥地利、北欧和俄罗斯的文学艺术流派。1901 年法国画家朱利安·奥古斯特·埃尔韦，为表明自己绘画有别于印象派而首次使用此词。德国画家也在章法、技巧、线条、色彩等诸多方面进行了大胆的"创新"，逐渐形成了派别，是艺术家通过作品着重表现内心的情感，而忽视对描写对象形式的摹写。后来发展到音乐、电影、建筑、诗歌、小说、戏剧等领域。

凡·高

我的未来不是梦

◎ 智慧心语 ◎

1.荣誉在于劳动的双手。

——达·芬奇

2.千淘万漉虽辛苦,吹尽狂沙始到金。

——刘禹锡

3.真正的坚忍是当一个人无论遇到什么灾祸或危险的时候,他都能够镇静自处,尽责不辍。

——洛克

4.在我的生活与绘画中,我可以不要上帝,但是像我这样的笨人,却不能没有比我伟大的某种东西,它是我的生命创造的力量。

——凡·高

5.事实上,作家总要比社会上的普通人小得多,弱得多。因此,他对人世间生活的艰辛比其他人感受得更深切、更强烈。

——卡夫卡

第九章

自由和平之光

色彩的真谛

正所谓"和平安定时代，哲理安定人心"，纵观古今中外的历史，正义和自由互为表里，一旦分割，两者都会失去。任何走向和平的有价值的一步，都将结出果实来；而朝着这个方向取得真正伟大进步的使命，将会唤醒一切善良与真诚的人们的思想感情，而这种思想感情将会传播到后代身上，影响年轻一代的身心健康。给心灵最大限度的自由，给人类一片安静祥和，让和平鸽轻衔一枚橄榄枝振翅飞翔！

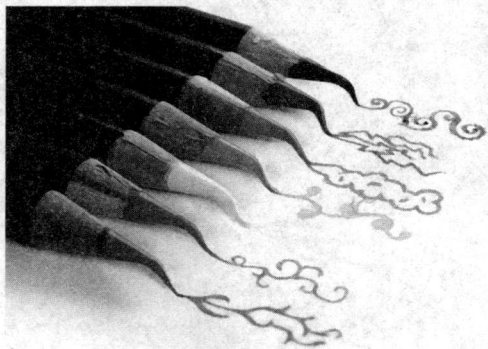

■ 世界上空飞翔的和平鸽

2012 年 11 月 8 日，在美国纽约市曼哈顿区举行的拍卖会上，西班牙艺术大师巴勃罗·毕加索的油画《静物郁金香》，以成交价 4150 万美元落锤。这幅最引人注目的油画完成于 1932 年，以毕加索的情人玛丽泰蕾兹·沃尔特为灵感。毕加索的同一题材另一作品《裸体、绿叶和半身像》，2010 年 5 月曾以 1.065 亿美元成交，刷新当时单件艺术品拍卖成交价纪录。

毕加索之所以如此举世瞩目，不仅因他成名甚早和《亚威农的少女》、《和平鸽》、《格尔尼卡》等传世杰作，更因他丰沛的创造力和多姿多彩的生活，留下了大量多层面的艺术作品。尤其是他的立体主义画风，开创了整个艺术界的先河。他的敏锐的感受力和变幻无穷的想象力，贯彻了整个一生。每一件旁人看来极其平常的东西，毕加索都能赋予它们新的面貌和新的生命，因而被同时代的人称为"魔术师"，法国总统称毕加索是"一座火山"——他确实是一座永远蓬勃旺盛的艺术创作的"火山"。

毕加索作画，不仅仅用眼睛，而且用思想。他的画有些色彩丰富柔和，非常美丽；有些则用黑色勾画出鲜明的轮廓，显得难看、凶狠、怪诞，但是这些画启发人们的想象力，对世界的看法更深刻。他创作了各种风格不同的画，有时画事物的本来面貌，有时似乎把所画的事物掰成一块块的。据统计，毕加索的作品总计近 3.7 万件，包括：油画 1885 幅，素描 7089 幅，版画 2 万幅，平版画 6121 幅。毕加索的一生辉煌之至，是有史以来第一个活着亲眼看到自己的作品被收藏进卢浮宫的画家。

毕加索始终朝气蓬勃，勇于创新。在 90 岁高龄时，他拿起颜料和画笔开始画一幅新的画时，对世界上的事物好像还是第一次看到一样。一般情况下，老年人总是怕变化，他们知道自己什么最拿手，宁愿把过去的成功之道如法炮制，也不冒失败的风险。但毕加索从不因循守旧，仍然像年轻人一样生活着，不安于现状，寻找新的思路和新的表现手法，就像一位终生没有找到特殊艺术风格的画家，千方百计地寻找完美，表达他那不平静的心灵。

1881 年 10 月 25 日，毕加索出生在西班牙南部的马拉加。父亲唐何塞是个画家，在造型和工艺美术学校里任绘画老师。童年时西班牙发生了大地震，经济陷入了危机，父亲为了生计不得不利用业余时间给别人画画。小毕加索常常随父亲去博物馆，当五颜六色的颜料被父亲变成一幅幅美丽的图画，他总会兴高采烈地向父亲鼓掌，小小年纪就体验到创作的乐趣。多少次，小毕加索偷偷地抚摸过父亲的画具，感觉是那么具有诱惑力，从此渴望长大后成为一名画家的种子在他的心里生根发芽。

童年毕加索聪明机灵可爱，所做的剪纸就已惟妙惟肖，被当地人称为"天才"。但谁也想不到，上学却成为最令他头疼的事，甚至于第一天上学，是父母硬把他拖进学校的。他生性好动，不愿意受约束，对学校严格的管理制度很不习惯；再加上教室里的环境阴暗潮湿，气氛沉闷，简直让他憋得透不过气来。不久，小毕加索就病倒了，医生说他腰有毛病。为此，他一点儿也不伤悲，反而暗自庆幸——终于可以不上学了。父母无奈，只好又把他送进一所更好的学校，并耐心地解释上学的重要性，敦促他一定要去上课，将来做个有出息的人。

然而学是勉强上了，但是两年下来，小毕加索甚至没学会最简单的算术，更谈不上读书了。老师有时候看到毕加索上课走神，就会反复提问他："一加一等于二，二加一等于几？"面对这么简单的问题，小毕加索根本就没去想，思绪天马行空地都在绘画的世界里飘荡，根本无法集中注意力。一到下课时，同学们就跑到呆呆发怔的毕加索面前，逗弄他："毕加索，二加一等于几？"老师则认为这孩子智力低下，无法施教，经常跑到毕加索父母面前,绘声绘色描绘毕加索的"痴呆"症状。左邻右舍也一反常态,不再为他的绘画天赋叫绝,而是议论纷纷:"瞧那呆头呆脑的样子,只会画几幅画有什么用?他的父亲不也是一个小画家吗?不是和我们一样穷吗?"当时,几乎所有的人都认为:毕加索是一个傻瓜。为此,毕加索的母亲又羞又恼,觉得无脸见人,常常把自己关在家中,不愿意与邻居接触。

　　面对来自方方面面的讥嘲与蔑视,毕加索的父亲却发现,儿子的作业虽然一塌糊涂,但几乎每一页都是各种各样的画。尤其是数学作业,小毕加索竟然从数字中发现了绘画的灵感:0是眼睛,6是鼻子,3、8、7、9、1可以分别看成嘴巴、耳朵、眉毛……父亲为儿子的绘画天赋高兴,耐心地告诉他每样绘画工具的功能;当小毕加索有绘画冲动的时候,父亲也从不加以修改,不挑毛病,任其发挥观察力和想象力自由驰骋。8岁的时候,小毕加索创作了油画《马背上的斗牛士》。这幅画明快、清晰、协调,充分显示了毕加索的艺术天赋,得到了父亲的赞赏,从此后他更加痴迷于绘画,水平也迅速提高。

　　为了掩饰学习上的落后,小毕加索总是毫不费力地绘出才华横溢的图画,企图由此来躲避学习上的无能。可是不论怎样,嘲讽却愈来愈猛烈,令他幼小的心灵蒙上了阴影,从此变得不爱说话了。关键时刻,父亲为他擎起一片蓝天,每天坚持送小毕加索去上学,一到教室父亲便把画笔和用作模特儿的死鸽放在课桌上,鼓励他发挥自己的特长,坚强走下去。有了父亲的支持,毕加索每天都沉浸在想象的天地里,在绘画的天地里找到了快乐。作为坏学生,在学校关禁闭已成了毕加索的家常便饭,禁闭室里只有板凳和空空的墙壁,可是毕加索却很高兴。因为他可以带上一叠纸,在那里轻松地绘画,毕加索的父亲从不因此而责骂他,坚信"天生我才必有用"。

　　就这样,小毕加索在父亲的鼓励下自由成长着,鸽子成了他最忠实的模特儿和伙伴,承载着他的绘画梦想,从童年走向少年。终于在13岁那年,少年毕加索首度开了自己的画展,向那些嘲笑过他的人们证明了自己的绘画天赋,在社会上引起强烈反响。接着,父亲送他进入巴塞罗那美术学校,后来又到皇家美术学院就读。16岁的时候,他的油画作品《科学与慈善》获马德里全国美展荣誉奖,并在马拉加得到金牌奖,西方美术界从此对毕加索刮目相看,他也向着辉煌的绘画梦想迈出了强有力的一步。

毕加索一生中,画法和风格几经变化。也许是对人世无常的敏感与早熟,加上家境不佳,毕加索早期的作品风格充满了早熟的忧郁,近似表现派的主题。在求学期间,他努力研习学院派的技巧和传统的主题,而产生了像《第一次圣餐式》这样以宗教题材为描绘对象的作品。然而正当毕加索跃跃欲试之际,却碰上当时西班牙殖民地战争失利。政治激烈的变动导致人民一幕幕悲惨的景象,身为重镇的巴塞罗那更是首当其冲。也许是这种兴奋与绝望的双重刺激,使得毕加索潜意识里孕育着"蓝色时期"的忧郁动力。

迁至巴黎的毕加索,既落魄又贫穷,住进了一处怪异而破旧的住所"洗衣船",这里当时是一些流浪艺术家的聚会所。也正是在此时,芳华17的奥丽薇在一个飘雨的日子,翩然走进了毕加索的生命中。爱情的滋润与甜美,软化了毕加索这颗本已对生命固执颓丧的心灵,笔下沉沦痛苦的蓝色,也开始有了跳跃的情绪。细细缓缓地燃烧掉旧有的悲伤,此时整个画风膨胀着幸福的温存与情感归属的喜悦。"粉红色时期"的作品,摒弃先前贫病交迫的悲哀、缺乏生命力的象征,取而代之的是对人生百态充满兴趣、关注及信心。

1907年,受非洲原始雕刻和塞尚绘画的影响,毕加索完成了第一件立体主义作品《亚威农少女》,遭到各方的嘲讽与指责。他与乔治·布拉克是立体主义的代表人物,受塞尚关于用几何体处理自然的启示,努力削减作品的描述性与表现性,力求组织起几何体的画面结构,创造一种结构美。1908年,当马蒂斯在巴黎秋季沙龙的展览上,看到他们风格新奇独特的作品时,惊叹"这不过是一些立方体"——从此"立体主义"的名称便约定俗成了。

毕加索不仅保持着旺盛的创新精神,同时还是一名法国共产党党员,一位人道主义者、爱国主义者,致力于人类的和平、正义、进步与民主。在西班牙内战和纳粹占领法国期间，毕加索始终坚定地站在民主和进步势力一边，积极参与反法西斯斗争，这种精神更为世人敬仰。

1937年，法西斯空军轰炸西班牙北部重镇格尔尼卡。为揭露、抗议德意法西斯的暴行，毕加索创作了震撼画坛的油画《格尔尼卡》。此画采用分解立体构成法，运用多种风格与手法，以变形、扭曲和夸张的笔触表现痛苦、受难和兽性；公牛象征强暴，受伤的马象征受难的西班牙，闪亮的灯火象征光明与希望。画中也有实景的描绘，右边一个妇女怀抱死去的婴儿啼哭呼号；下方是一个手握鲜花与断剑倒地的士兵；左边一个人高举双手仰天尖叫；不远处是俯身仓皇奔逃的女子。精心组织的金字塔式的构图，将一个个充满动感与刺激的夸张变形的形象，表现得统一有序，既有多变的细节，又突出了重点。画家用黑、白、灰三色画成，调子阴郁，突出了紧张与恐怖的气氛，是对战争暴行的严厉控诉！

希特勒法西斯匪徒攻占法国首都巴黎之日，毕加索心情沉闷地坐在画室里，这时有人敲门，来者是邻居米什老人，手捧一只鲜血淋漓的鸽子，向毕加索讲述了一个悲惨的故事：原来老人的孙子养了一群鸽子，平时经常用竹竿拴上白布条做信号来招引鸽子。当孩子得知父亲在保卫巴黎的战斗中牺牲时，幼小的心灵里燃起了仇恨的怒火，认为白布条表示向敌人投降，于是改用红布条来招引鸽子。结果显眼的红布条被德寇发现了，惨无人道的法西斯匪徒把孩子扔到了楼下，惨死在街头，还用刺刀把鸽笼里的鸽子全部挑死。老人泣不成声，请求毕加索给他画一只鸽子，用以纪念他那惨遭法西斯杀害的孙子……

听完老人的讲述，毕加索无比悲愤，挥笔画出了一只飞翔的鸽子——这就是"和平鸽"的雏形。1950年11月，为纪念在华沙召开的世界和平大会，毕加索又欣然挥笔画了一只衔着橄榄枝的飞鸽。当时智利的著名诗人聂鲁达把它叫做"和平鸽"，由此鸽子才被正式公认为和平的象征，成为世界重大活动中必不可少的角色之一，传达着人们向往和平、友谊团结的美好愿望。

1973年，毕加索走完了92岁的漫长生涯，静静地离去了。数十年来，世界各大美术馆不断推出他的各类不同性质的回顾展，有关毕加索的话题接连不断，而且常常带有新的论点和发现——毕加索虽然离去了，但仿佛他还活在人间。

逐梦箴言

毕加索是一位真正的天才，20世纪是属于毕加索的世纪，没有一位艺术家能像毕加索一样，画风多变而尽人皆知。他是个不断变化艺术手法的探求者，印象派、后印象派、野兽派的艺术手法都被他汲取改选为自己的风格，从而达到内部的统一与和谐。毕加索有着登峰造极的境界，作品不论是陶瓷、版画、雕刻，都如童稚般的游戏。在他一生中，从来没有特定的老师，也没有特定的子弟，但凡是在20世纪活跃的画家，没有一个人能将毕加索打开的前进道路完全迂回而进！

知识链接

立体主义

立体主义是西方现代艺术史上的一个运动和流派，又译为立方主义，1908年始于法国。立体主义画家的探索起源于塞尚的理论和创作实践，他们把塞尚的"要用圆柱体、圆球体、圆锥体来表现自然"这句话当成艺术追求的理想，追求碎裂、解析、重新组合的形式，形成分离的画面。背景与画面的主题交互穿插，让立体主义的画面创造出一个二维空间的绘画特色。20世纪时期有两个派别：一个是洗衣船派，也就是正统派，代表人物是毕加索和波罗克；另一个派别是蜂窝派，以一群后起的立体主义画家为代表。立体主义的出名也是由这些蜂窝画家所催化的。

■ 野兽派在人间天堂《舞蹈》

亨利·马蒂斯也和毕加索一样,是 20 世纪最重要的画家,是野兽派的创始人和主要代表人物;同时他也是一位雕塑家、版画家,以使用鲜明、大胆的色彩而著名。

马蒂斯 1869 年生于法国。父亲是个商人,母亲曾做过陶瓷厂的画工。他的少年时代在维尔曼杜瓦度过,中学毕业后遵照父亲旨意赴巴黎攻读法律,完成学业后回到家乡当了一名律师办事员。21 岁那年,马蒂斯患阑尾炎住进医院,为了打发无聊时间,母亲送给他一盒颜料、一套画笔和一本绘画自学手册作为礼物。在画画当中,他平生第一次感觉到"自由、安宁和闲静"。谁也没想到的是,这场意外令马蒂斯的绘画热情一发不可收,偶然的机缘成为一生的转折点。用马蒂斯自己的话说:"我好像被召唤着,从此以后我不再主宰我的生活,而它主宰我。"

对马蒂斯影响最大的老师,是奥古斯塔夫·莫罗,可以说是莫罗塑造了马蒂斯。莫罗曾对马蒂斯说过:"在艺术上,你的方法越简单,你的感觉越明显。"正是这句话引导了马蒂斯绘画风格,使他能够用简捷的线条和鲜明的色彩塑造出所构想的一切,对他终生的艺术创作产生了深远的影响。他以视觉艺术的方式,表现人间天堂或黄金时代的概念,马蒂斯的著名油画《豪华、宁静、欢乐》,被现代艺术史证明是 20 世纪先于毕加索《阿维尼翁少女》的第一幅力作。它体现了野兽主义的美学观念,那就是大胆的色彩、简练的造型、和谐一致的构图以及强烈的装饰性趣味。

在 1905 年的秋季沙龙里,马蒂斯率领野兽派走上声名大噪之途。在那次沙龙中,除了《豪华、宁静、欢乐》,他还展出了《开着的窗户》和《戴帽子的妇人》。《开着的窗户》也许是第一个主题达到充分发展的例子,马蒂斯的余生,一直偏爱着这种主题。它只不过是墙面的一小部分,窗户占了一大片地方;窗扉对着外部世界大大敞开——阳台上摆着花盆,还长着藤蔓,然后就是大海、天空和船只。这里的内墙和窗扉,是由一条条宽宽的竖条构成,用了鲜艳的绿色、蓝色、紫色和橙色;户外世界,则是一片鲜艳的小笔触构成的装饰华丽的图案。笔触从绿色的小点,扩展到笔触更宽一点的淡红色、白色,还有海和天空的蓝色。而《戴帽子的妇人》中,颜料不分青红皂白地铺在画面上,不仅仅是背景和帽子,还有这位妇人的脸部、她的容貌,都是用大胆的绿色和红色的笔触,把轮廓勾勒出来的。正因为这种形式上的舍弃,所以比《开着的窗户》引起了强烈的轰动,比高更、莫罗和贝尔纳更加前进了一步。

马蒂斯善于吸取各种艺术门类的优点,研究东方地毯和北非景色的配色法,发展成一种对现代设计有巨大影响的风格,是"野兽派"当之无愧的领袖人物。但"野兽派"时期只不过是一个短暂时期,他的独特风格则主要是在此之后渐渐形成的。马蒂斯认为艺术有两种表现方法:一种是照原样摹写,一种是艺术地表现。他主张后者,并且一生都在做着实验性探索,在色彩上追求一种单纯原始的稚气,从原来追求动感、表现强烈、无拘无束的观点,渐渐发展成追求一种平衡、纯洁和宁静感。他的作品"好像一种抚慰,像一种稳定剂,或者像一把合适的安乐椅,可以消除观者的疲劳"。

为了研究人体,马蒂斯借助于雕刻。他一生创作了大约 70 件雕塑作品,以黏土来塑造人物,有助于他更好地将坚实的形体压缩在二维的平面上,从而取得整体效应。这个时期的代表性作品是《奴隶》。这个"奴隶"的姿态令人想起罗丹的《行走的人》。这里似乎给人一种预兆,马蒂斯的雕塑正在从传统性向现代性转变着。对雕塑艺术所贯注的极大热情,如同他在绘画中使用着饱满、单纯的色彩一样,希图做到体量和形态"本能地向我涌来"。马蒂斯在雕塑语言上的探索,对现代雕塑影响极大,被同行推为本世纪最负盛名的美术巨匠。

野兽主义作为一场有声势的现代主义思潮,到 1908 年以后就销声匿迹了。但对于马蒂斯来说,野兽主义并不意味着他风格的形成,而只是一个开端。他不断探索,采用各种自由的手法创造一种新的绘画空间,而且还经历了短暂的立体主义时期。著名的《红色中的和谐》又一次显示了马蒂斯的绘画发生的革命性变化。他抛弃了传统的透视,用色彩关系以及蔓藤花纹的暗示来建立新的空间幻觉,创造了一种充满异国情调的、神秘奇特的新境界。马蒂斯继续在他偏爱的人间天堂、黄金时代之类的主题中探索线条、色彩与空间的关系。其中最著名的是绘于 1909 年的《舞蹈》。为了更真实地创作出喜悦的情绪,马蒂斯把模特儿带到地中海岸边,画中背景的蓝色,寓意着仲夏八月南方蔚蓝的天空,一大片绿色让人想起青翠的绿地,人物的朱砂色则象征着地中海人健康的棕色身体。在这幅狂野奔放的画面上,舞蹈者似乎被某种粗犷而原始的强大节奏所控制,他们手拉着手围成一个圆圈,扭动着身躯,四肢疯狂地舞动着。

马蒂斯的立体主义绘画,从未出现支离破碎的物像。他通过这些作品训练自己如何将物体几何化、简化,如何避免过分装饰化。《钢琴课》是他最具特色、最成功的立体主义作品。马蒂斯在不改变视点的前提下,将大块的鲜明色彩做抽象的安排。达到既富于装饰性,又具有空间深度的效果。第一次世界大战结束后,马蒂斯画了大量人物画。这些绘画要么有强烈的造型感,要么以线条表现为主,十分优美动人,表现了马蒂斯艺术的洗练与纯粹。晚年,马蒂斯通过彩色剪纸来试验色彩关系。他为书籍作插图,或进行室内装饰,运用这一独特形式,取得了优美的装饰效果。

马蒂斯晚年的艺术是极其简练的,带有平面装饰性的艺术,然而他的伟大之处正在于能够超越令人乏味的、狭小的装饰天地,从而创造了“大装饰艺术”的概念。72 岁时,马蒂斯患了肠道疾病,经历了两次痛苦的手术,从此病魔就再没离开过他,直到 85 岁离世。身体的虚弱使马蒂斯再也不能站在画布前作画,于是又开始了一种新的艺术创作——剪纸。马蒂斯亲自动手,或卧床或坐在轮椅上,染出自己需要的彩纸,剪出自己充满大胆、完美和开朗乐观的作品。

这位老人仿佛在以孩子的娱乐消磨最后的时光,虽然生命的最后两年几乎都是在病床上度过的,但马蒂斯的创造力却从来没有停息过!

逐梦箴言

为人谦虚、儒雅的马蒂斯,对荣华富贵和画坛的名利都毫无野心,性格也与同时期的毕加索迥然不同。二战期间,他俩都参加了反对德国法西斯的抵抗运动,并加入法国共产党,在政治上参加过进步活动,但马蒂斯在其艺术中并没有任何体现,没有把绘画作为一种武器。他笃信希腊哲学家柏拉图"美是赐给人快感"的理论,避免触及令人苦恼或窒息的题材。古稀之年的马蒂斯仍和在野兽派时代一样激进,疾病的考验加诸战争本身,都磨炼了他的乐观性格和顽强毅力,对后世具有重要的精神意义。

知识链接

阿尔伯特·马尔凯

1875-1947 年,生于波尔多,逝于巴黎。法国画家,早年受业于巴黎装饰美术学校。他的起步极为艰难,为了糊口曾和马蒂斯一起,为 1900 年的世界博览会装饰过"现代风格"部分。一年之后,他画的一些风景和人体习作已经具有独特风格。1901 年作品参加独立沙龙展览,1904 年成为秋季沙龙的创始成员之一。艺术风格的形成得益于对传统艺术的深入研究和当时美术思潮的影响。90 年代末期,早期作品中所表现的野兽主义风格被抛弃,开始追求一种明度不同的空间感。之后其作品越来越朦胧。代表作《雨中巴黎》、《鹿特丹》、《芒通港》、《新桥夜景》等油画。

■ 用符号描述超现实主义

"6 岁时,我想当厨师;7 岁时,我想当拿破仑。""如果世上有 2000 个毕加索、30 个达利、50 个爱因斯坦,这个世界将变得非常令人难忘。""爱因斯坦去世后,大家必然都知道世界仅存的天才就是达利。"——这就是世界著名的超现实主义画家萨尔瓦多·达利。他的一生犹如不断燃放的烟火,充满了戏剧性的传奇色彩。

超现实主义绘画,是西方现代文艺中影响最为广泛的运动之一,达利作为该运动在美术领域的主要代表,一直是人们关注和争论的对象。"我同疯子的唯一区别,在于我不是疯子","每天早晨醒来,我都在体验一次极度的快乐,那就是成为达利的快乐……"通过达利高高翘向天穹的胡子,充满奇思怪想的作品,还有不同凡响的妙语,就足以想象得出他是个什么样的人。

萨尔瓦多·达利同毕加索、马蒂斯一起,并称为 20 世纪最有代表性的三大画家。1904 年 5 月,诞生于西班牙北部小城费格拉斯市。童年的达利,是一个既清秀又充满特殊好奇心的男孩,很早就表现出非同一般的艺术天才,同时以桀骜不驯的叛逆性格,来证明自己与早逝的哥哥的不同。在家里,达利是个小霸王,敏感而又难以相处,感到什么都不够好,经常兴之所至,做出些非常之举:他尿床一直到 8 岁,就是觉得好玩;最爱奇装异服,在收到的节日礼物中,有件华美的王袍,一顶装饰着玉石的金冠和一件真正白茸皮里子的披风,小达利常常穿着这象征王权的礼服在窄小的洗衣房里作画；有时独自一人待在昏暗的过道里，一只手拿着权杖，另一只手拿着鞭子，准备着抽打取笑他的仆人们。

　　小学时，达利宁愿花时间去发展他强烈的表现欲，而不愿意去做其他孩子所做的事情——获取高分。他任性骄狂，喜欢恶作剧，有一次郑重其事地向家人宣布：他已在家中某一角落大便，但不说出确切的位置，引得全家上下急切寻找他的"杰作"。而达利的恶作剧心理，却在家人的慌乱中得到了极大的满足。青年时期，达利在马德里、巴塞罗那学习美术，兼收并蓄多种艺术风格，并很早显示出作为画家的非凡技能。在童年和青少年时期如此活跃的性格和经历，对他后来的绘画创作产生了很大的影响。

　　21岁那年，达利同父亲、妹妹一起动身去马德里，参加马德里美术学院的入学考试。考试要求照古代艺术品画一张素描，时间为6天，而达利的摹写对象是雅各波·桑索维诺《巴库斯》的复制雕像。考试开始后，达利遵循正常程序作画，到了第三天，看门人同在院子里等待达利的父亲闲聊，略带担忧地说："我不讨论你儿子素描的艺术价值，不过他没有遵守考试规则，规则上说得很清楚，素描要具有安格尔用纸的规格，可你儿子画得那么小，人们绝不会把那些空白的地方当成四周的白边的。"

　　此话如晴天霹雳，一下子点醒达利的父亲，不知道怎么劝达利才好：是重新画，还是不顾一切继续画下去？在此后散步和晚上在电影院期间，老父亲不停地重复着："你觉得有勇气重新画吗？"父亲的反常，让达利隐约意识到了什么。看到自己的忧愁影响到了达利，父亲又反过来安慰他："好好睡吧，别愁这件事。你要做决定，明天就应当保持最佳的状态。"

　　赶考的第四天，达利大胆地擦掉一切，重又变白的纸张使他自己也呆住了。周围别的对手已纷纷开始涂阴影，再有一轮，只要认真润色一下最后的细部，大家就将画完了。情况确实很紧急，达利赶紧提醒自己要集中注意力，不被其他人打扰，然后凭着毅力重新动手工作。可是当天的考试结束时，达利还没能打好这幅新素描的大轮廓。父亲问他怎么样了，达利回答道："我全擦掉了。"父亲满脸忧虑地问："新画进行得怎么样？"达利淡定地说："还没动手呢，我只不过是擦掉和确定下比例，希望对这次的画更有把握。"

　　第五天,达利继续返工。他早已经把摹写对象熟记在心,因此几乎一眼也没看就完成了画作。可是此时又发现一个新问题——这次画得太大了,这比留出过多的白边更糟糕!考虑再三,就在当天的考试即将结束的时候,达利果断地把画全部擦掉了。这个时候,等在出口处的父亲急得脸都白了,那双蓝灰色的眼睛里涌出了两滴泪水,却还是没忘记鼓励儿子:"我们走吧。你还有明天的整整一轮呢,许多次你都是用不到两小时,就画好一幅素描的!对吧?"达利理解父亲的心思,却也相当清楚——用仅剩的一天时间完成作品,是非人力所能做到的!现在看来,他这个被视为绘画天才的少年,很有可能要满含羞愧地回家了。父亲开始后悔,略带埋怨和自责地安慰儿子:"要是你通不过这次考试,这就是我和那个看门的傻瓜的错误,他胡说些什么?如果你素描画得好,大小又有什么关系呢?"达利回答道:"这正是我跟你说过的!如果一件东西画得很好,它立刻就会被人承认的,看门人那关都没通过,根本没有意义了。"

　　赶考的最后一天,达利仅用一个小时便完成了画作,包括那些最微妙的阴影处。然而当他静下心来欣赏作品的优美和成功时,忽然发觉自己画出了一个太小的东西,比第一幅素描还要小!"我完成了一幅精彩的素描。"走出考场的达利对满脸焦虑的父亲说,"很不幸,它比第一幅还小!"最后这句话如同投了一枚炸弹,父亲所有的期待都毁于一刻。但是,戏剧性却第一次在达利身上发生了——美术学院录取了达利,评语如下:"虽然此素描并非照规定尺寸画成,但是它极为完美,评委会对它表示认可。"从此,达利的天赋第一次被发现,并开始了正规系统的绘画学习。

　　3年后,在匹兹堡第三届卡内基国际展览会上,他展出3幅作品,立刻赢得了国际声誉。紧接着,他在巴黎成功举办了第一次个人画展,成为超现实主义流派的重要一员。后来创作的《耶稣钉死在十字架上》、《原子丽达》、《十字圣约翰的基督》和《记忆的永恒》等,可以说是整个绘画史上的巅峰之作,是人类大脑与心灵交织所涌现出的最完美作品。能在不同领域、不同年龄与阶级、鉴赏品位各异的人们心目中,拥有历久不衰的美誉,足见达利对当代艺术影响之深之大。

逐梦箴言

当人们提起达利时,大都会想到他的"疯";想到他的名言:"我同人类的唯一区别,在于我是疯子;我与疯子唯一的区别,在于我没疯。"种种扑朔迷离的矛盾与对比,或许正是达利最吸引人的地方。有人说,达利的盛誉主要归结于自我推销的天分;但必须承认,他确实是一位具有卓越天才和想象力的画家。在把梦境的主观世界变成客观的形象方面,达利对超现实主义及20世纪的艺术,做出了严肃认真的贡献,因此才会享有"当代艺术魔法大师"的盛誉!

知识链接

超现实主义

在法国开始的文学艺术流派,源于达达主义,对视觉艺术的影响力深远。于1920年至1930年间盛行于欧洲文学及艺术界中,主要特征:以所谓"超现实"、"超理智"的梦境、幻觉等为源泉,最真实地显示客观事实的真面目。也常称为超现实主义运动,或简称为超现实。理论是弗洛伊德的精神分析,致力于发现人类的潜意识心理。超现实主义不能与超级现实主义混为一谈,超级现实主义又称照相主义,是20世纪70年代美国最为流行的一种资产阶级美术流派。

■ 安详如歌的银白色光亮

　　尽管知名度远不如毕加索，但在立体主义画派系中，乔治·布拉克对20世纪西方现代派艺术的影响，并不比毕加索少。

　　布拉克与毕加索同为立体主义运动的创始者，"立体主义"这一名称还是由他的作品而来。另外，将字母及数字引入绘画、采用拼贴的手段等多项创新，也是由他做出的。布拉克的作品多数为静物画和风景画，画风简洁单纯，严谨而统一，具有不可缩减的和一针见血的分析，带来少有的和谐色彩与典雅流畅的线条。毕加索曾经把他和詹姆斯·乔伊斯并列，称他们是当代"两个最费人猜疑却又人人都能了解的人"。

　　1882年，布拉克出生于法国塞纳河畔阿尔让特伊，其父亲和祖父都是业余画家，这使他自幼便对绘画产生浓厚的兴趣，试着临摹一些著名画作。18岁的时候移居巴黎学画，首先受到了马蒂斯的影响，并在23岁那年经历了一段野兽派时期。

　　然而具有决定意义的，还是他两年后结识了毕加索。当时毕加索正在绘制《亚维农的少女》，布拉克为画作所倾倒，两人遂成为至交，共同筹划起立体主义运动。布拉克和毕加索在分析立体主义时期所作的作品，风格非常接近，以至于摆在一起难辨孰人所为。这在艺术史上是极其少见的现象。两人不仅画法相同，而且所选题材也十分相似，他们都偏爱画乐器。布拉克在画中对于物象的分解，要比毕加索更加极端，多数是在静物画中进行这种分析形体的实验，形成"安详如歌一样"的色调风格。

1908年,布拉克来到埃斯塔克,那儿是塞尚晚期曾画出许多风景画的地方。布拉克像个勇士一样深入到大自然之中,重新认识和构成塞尚曾经画过的风景;他胸有成竹地发展了塞尚的理论,他凝视着、分析着大自然,并且按照抒情顺序而非概念顺序,重新解构大自然。其《埃斯塔克的房子》便是当时的一件典型作品,房子和树木皆被简化为几何形。布拉克以独特的方法压缩画面的空间深度,使画中的房子看起来好像压偏了的纸盒,而介于平面与立体的效果之间;景物在画中的排列并非前后叠加,而是自上而下地推展,这样,使一些物象一直达到画面的顶端。画中的所有景物,无论是最深远的还是最前景的,都以同样的清晰度展现于画面。由于布拉克作此画的那个阶段,画风明显流露出塞尚的影响,因而这一阶段又被称作"塞尚式立体主义时期"。

直到1914年,布拉克和毕加索都是形影不离的。战争爆发时,布拉克被派往前线,在作战中表现得勇敢非凡,后来负了伤,开颅手术使他必须长年累月地疗养。3年后,当布拉克以顽强的毅力战胜伤病,重新正常生活和作画时,并没有受其他画家的影响,依然沿着自己独特的艺术长河走下去。更可贵的是,虽然布拉克和毕加索不再一起作画了,却仍然保持着深厚的友谊。

后来,布拉克还尝试拼贴画艺术。他的拼贴画制作过程简洁大胆,作品效果直接明了,从抽象起步,再慢慢地转向具象,在交迭的抽象图形中寻找主题。他的拼贴,除了采用纸片外,很少采用其他材料。这种往往被人们视为不具有艺术品质的材料,却给布拉克的"建筑性绘画"创作,带来极大的便捷。《单簧管》是他的拼贴代表作,客观的物象与主观创造的成分相互融合,平静和谐而优美,构成一种新的艺术境界,使人意外却又令人信服,于亲切感中领悟到某种精神内涵。

布拉克的性情极为平稳,因而不滥用野兽派画家陶醉其中的自由,其作品抛弃了过去的一切视觉,恢复了绘画的自主,使画成为一种建筑,使对象成为某种比现实还要真实之物。可以说,布拉克比任何人都更会创造造型空间,给人以深远之感。在他的哪怕是最严格的创作中,都有一种微妙的银白色光亮,给人留下深刻印象,在这些通常被看作是最不鲜艳、最暗淡的颜色下面,似乎有团在小心、缓慢地燃烧着的永恒之火,给人以无穷的希望和力量。

逐梦箴言

"我喜欢那纠正冲动的规则。"这是乔治·布拉克的名言,说明他反对极端化、天生的节制守规,他的趣味、审慎与纯朴令其作品具有引人入胜的复杂性和饶有趣味的雅致。布拉克清理了自己的心得,找出自己独特之处,然后在灵感和技巧、才智和感觉、丰富的表现力和画家的谦逊之间,几乎达到尽善尽美的神圣平衡。人们应感谢布拉克,他在无可指责的生活和成为榜样的艺术作品中,一直牢记着自己是一位画家——同时也是一个人!

知识链接

詹姆斯·乔伊斯

爱尔兰作家,诗人。1882 年生于都柏林,1941 年卒于瑞士苏黎世。先后就读于都柏林大学克朗格斯伍德学院、贝尔沃迪尔学院和大学学院,很早就显露出音乐、宗教哲学及语言文学方面的才能,并开始诗歌、散文习作。他谙熟欧洲大陆作家作品,受易卜生影响尤深,并渐渐表现出对人类精神世界特殊的感悟,及对宗教、习俗和传统的叛逆。1902 年为追求自由,流亡到欧洲大陆,广泛吸取欧洲和世界文化的精华。1905 年以后,在意大利定居,带病坚持文学创作。他是 20 世纪最伟大的作家之一,其作品及"意识流"思想对全世界产生了巨大的影响。

智慧心语

1.回声应随着回声，所有一切都发出了共鸣。

——乔治·布拉克

2.芸芸众生，就不爱生？爱生之极，进而爱群。

——秋瑾

3.和平是人类的主题，愉快的协调一致和最神圣的和平，确实能培养美德、促进友谊的发展。

——斯宾塞

4.微少的知识使人骄傲，丰富的知识使人谦虚。所以空心的禾穗高傲地仰头向天，而充实的禾穗则低头向着大地。

——达·芬奇

5.每一分钟都是不同的我，每一个钟头都有新的光线，每天虽然看同一瓶酒，但我可以从中看到不同的个性，看到不同的酒瓶，不一样的桌子，不同的世界里的不同的生命！在我的眼睛里，这一切都是不同的。

——毕加索

第十章

描绘如画人生

色彩的真谛

　　人生如白纸，道路是画笔，生活是色彩，时间是画卷。一幅完美的图画，应该包含丰富的思想性和感染性；正如一段完整的人生，应该包含所有的喜怒哀乐、悲欢离合。放开或忘却，拥有或者失去，点线之间的交错，皆是不可或缺的装饰。丹青妙笔赋予色彩无穷的生命力，于是画——活了！高尚的思想是作品的灵魂，高超的绘画技巧是作品的外衣；尽管人生是坎坷的，但天才、智慧、勇气和思想，会永远照亮全人类！

■ 热忱和梦想是成功的基石

　　驻足在色彩与线条构成的世界里,我们不仅慨叹那一幅幅鸿篇巨制,更为大师们执著的梦想和极大的热忱所感动。生命因热爱而动听,热爱具有无比神奇的力量,它既能温暖人心,又能帮助人们来成就大业。一颗充满热忱的心,可以让一切都具有无与伦比的力量,成为人生最大的热力机,吹开梦想的花朵,直到收获最丰硕的果实。

　　世界上没有超自然的东西,一切奇迹都有着发生的原因。只要敢想,再加上敢干,便有能力去创造和获取宇宙中任何美好的事物。如前文讲到的俄国表现主义奠基人康定斯基,他就是一位以炽热的情感实现了伟大梦想的画家。长久以来,"音乐能否不用通过音符,而用别的方式表现出来"——这个问题经常困扰着艺术家,使他们梦想着会有一种纯粹的视觉音乐出现在面前,但却一直没有找寻答案。精通音乐又喜欢绘画的康定斯基,在赤橙黄绿青蓝紫的七彩颜色中,极度敏感地看见音乐的节奏与旋律,从早期很写实的临摹,到印象派、野兽派、表现主义,一直到几何学构成,到最后发展出抒情抽象的神秘形式,寻求到内在逻辑的完美。第一次看见从油画颜料管挤出的颜色,立刻使康定斯基感到一种突显的力量,觉得浑身充满了创作激情;父母的反对也没有扼杀他对绘画的向往,30岁开始改行当画家,终于奏出一条绘画之路的狂想曲,成为第一个真正将音乐展现在画布上的艺术家。

　　最伟大的成就从一开始,总有一段时间是个梦想。梦想的至高之处就是热情地投入,坚定地行动;梦想越是热切持久,结果就越如人所愿。出生于法国杂货商之家的莫奈,曾经把学校视同牢狱,在悬崖和海边嬉戏的时光多于听课,而唯一的爱好是绘画,唯一的梦想是成为画家。在他的名作《日出印象》展出之时,也是反对和嘲讽的声音铺天盖地袭来之时,"疯狂、怪诞、反胃、不堪入目"是众人的评价。但是莫奈并不因此而沮丧和发怒,反而以更大的热忱与世界展开较量,希望让自己的"印象派"梦想变成现实。此时站在风口浪尖中的莫奈,浑身上下有一种无形的力量,他那壮健的身材、浓密的棕色长发、炯炯有神的黑眼睛、蓄须的清秀面庞,处处充满了前所未有的梦想与成功的光环。后来通过不懈的努力,他的花园、他的睡莲、他的水塘和他的小桥,还有塞纳河岸的上上下下,都从普通的风景中挖掘出超然的魅力。莫奈漫长的人生之旅多灾多难,但他将创作热情全部倾注在印象派技法上,为了坚持这个信仰,曾拒绝参加展览以示反抗。正是这种始终如一的坚贞性格,令莫奈成为印象派中影响力最大的人物。他更像个隐士,作为印象派的先行者,当不得不单枪匹马奋力前行的时候,坚强的莫奈在孤独中创作了色彩的传奇!

而出生于巴黎的高更,也在他的"失乐园"里寻找着他的梦想。现实生活中的挫折,并没有让高更放弃艺术追求,他毅然重拾冒险家的生活,开始在艺术和人生中的探索。中年时期,高更数度地前往布列塔尼的小渔村阿凡桥采访写生,坚持作画。旅途波折重重,高更受尽困苦与疾病的折磨,但对梦想的追求是相当热忱和乐观的。他孤身一人乘船到太平洋上的小岛——塔希提,融入到纯粹的自然之中,只与"野蛮"的人们交往,并要同他们一起生活。塔希提岛的原始风貌和简单的生活,给了高更源源不绝的创作灵感,创作出许多幅画,描绘塔希提的宁静、祥和,成为了他的代表作;无论是茂密的森林,温顺的动物,还是健康粗野的塔希提女子,都流露着高更对这种纯朴生活的热爱。"苦难是人类最好的大学。"高更的一生,在追求梦想的旅途中不曾停歇过,不受任何外力的阻挠,哪怕是病魔缠身、饥寒交迫,也不能阻止他对梦想的追求和渴望。

每个人都是一个独立的个体,只有自己才能够控制和掌握自己的头脑,掌握潜藏内心的巨大力量。这股力量只有加以睿智地使用,才能自己成为一个更加优秀的人,使生活越来越好。这时,执著的梦想就会产生神奇的力量,让人无所畏惧,不断努力,勇往直前,从而用热忱之心来抒写生命的诗篇,演绎精彩的生命杰作。

高更作品《布列塔尼的猪倌》

■ 勤奋和果敢是卓越的双翼

很多人在寻找成功的力量，也有人在寻求成功的秘诀，其实力量就在自己的身上，秘诀也握在自己的手中。"上士闻道，勤而行之；中士闻道，若存若亡；下士闻道，大笑弃之。"世上存在着做好任何事情的金科玉律，差别在于有人勤而行之，有人时行时弃，有人笑而弃之。成功者之所以成功，关键在于他们的勤而行之。"天道酬勤"是亘古不变的至理名言。

这个世界上，从来没有哪种成功是不劳而获的，即使是一位"天才"，如果不经过后天的勤奋和努力，也会白白浪费那份禀赋。旷世奇才达·芬奇，被誉为"人类历史上唯一一位人物肖像画作和照相机拍的照片几乎一样的画家"，而他废寝忘食学画鸡蛋的故事，更是广为流传。为了真实感人的艺术形象，他还广泛地研究与绘画有关的光学、数学、地质学、生物学等多种学科。他眼光独到，做事干练，既是思想深邃的艺术家，又是学识渊博的科学家；既多才多艺，又勤奋多产，保存下来的手稿大约有 6000 页，被后人称为"15 世纪真正的百科全书"。他坚信真理只有一个，不是在宗教之中，而是在科学之中；他认为"理论脱离实践是最大的不幸，实践应以好的理论为基础"。他的实验工作方法，为后来哥白尼、伽利略、开普勒、牛顿、爱因斯坦等人的发明创造开辟了新的道路。

"勤劳一日，可得一夜安眠；勤劳一生，可得幸福长眠。"达·芬奇的生命是一条没有走完的道路，路上是撒满了未完成作品的零章碎片，他在临终前痛心地说过："我一生从未完成一项工作。"上天将美丽、优雅、才能赋予一人之身,令他之所为无不超群绝伦,他的才智之高可使一切难题迎刃而解。"天才在于勤奋"这句话,在达·芬奇的身上得到了充分的体现和最完美的诠释,他用科学的态度对待绘画,勤学苦练,刻苦钻研,值得后人学习。

而西班牙艺术大师巴勃罗·毕加索,不仅是天才画家,更是一位果敢创新的勇士,敏锐的感受力和变幻无穷的想象力,贯彻整个一生。每一件旁人看来极其平常的东西,毕加索都能赋予它们新的面貌和新的生命,因而被同时代的人称为"魔术师",法国总统称毕加索是"一座火山"——他确实是一座永远蓬勃旺盛的"火山",任何事情都不能阻碍他的决心,为了高尚的事业勤奋耕耘,发挥自己最大的潜力来创造辉煌。小时候连"二加一等于几"都回答不出来的他,承受着众多嘲讽和耻笑,最后以鸽子为伙伴和载体,画出了向往和平的自由的杰作。

因此说,天才并没有固定的范畴,重要的是有足够的勤奋和持之以恒的毅力。对于一颗意志坚定、永不服输的心灵来说,永远不会有失败;跌倒了再爬起来,即使其他人都已退缩和屈服,而果敢的人永远不会退缩!困难就像纸老虎,如果害怕它,畏缩不前,不敢正视,那么它就会吃掉你;但是,如果毫不畏惧,敢于正视,它就会落荒而逃。

在落魄又贫穷的境遇里,毕加索完成了第一件立体主义作品《亚威农少女》;布拉克在开颅手术后,以顽强的毅力战胜伤病,依然沿着自己独特的艺术长河走下去,形成"安详如歌一样"的色调风格;西斯莱在全家温饱都成问题的时候,依然没有放弃对绘画的追求,每每饿得直不起腰来,还是在画板前勤奋地努力着,暗暗给自己打气:"坚强,一定要坚强!必须战斗到最后!"毕沙罗一生同样创作数量颇丰,坚持画所观察到的,豪迈和果断地面对一切,不失掉所感觉到的第一个印象,最终实现了画面的"纯净、简洁、敦厚、柔和、自由、自发性和新鲜感",成为人们无比爱戴的最坚定的印象派"中流砥柱"……

从各位绘画大师的身上可以看出,不管面对什么样的困难,只要勤奋努力,勇敢面对,办法总是比困难多。困难是一片肥沃的土壤,能使成功的果实根植于此;困难中常常蕴藏着最好的机会,人生的强者最喜欢向困难挑战。果敢者始终用乐观的态度面对生活赋予的艰难险阻,勇于把困难当成锤炼自己坚定意志的火焰。他们永远坚信"宝剑锋从磨砺出,梅花香自苦寒来"的哲理,不畏艰难,锐意进取。

生命是有限的,只有将全部的智慧和能力都投入到一个伟大的目标之中,用勤奋的汗水去浇灌,用执著的信念去追求,必将到达成功的彼岸。

毕加索作品

■ 思想和自信是力量的源泉

　　绘画大师们丰富的人生阅历和深刻的思想内涵,令我们震撼。欣赏和解读的同时,也参透一个道理:单单拥有高超的技艺,不足以让那些绘画作品流芳千古,恰恰是画家的思想让色彩有了生命力,让观赏者得到心灵的启迪。

　　绘画有很多流派,各流派形成自己不同的风格,而这种风格就是他们"思想"的产物。能否更深刻地感动观者,其实除了色彩和线条这些视觉效果外,最重要的取决于作品的思想性和内涵,取决于画家能否在别人司空见惯的东西上,发掘平凡世界中的美,引起人们的心灵震动。

　　西蒙·夏尔丹正是这样的大师,他画的实物虽然都是一些常见、平凡的东西,但总能引起热爱生活的人们思想情感的共鸣,具有一种鲜活的生命感,物体之间的关系非常微妙,明晰的几何形与和谐的画面,成为莫奈、塞尚、马蒂斯等画家作画的楷模。但是,夏尔丹的风格受到很多同行的质疑,尤其是成为院士之后,有人认为他选择低级的静物画太掉价了,应该与其他画家一样去画高级的肖像和历史。夏尔丹则根本不受那些议论的影响,也不认为静物是低级的,继续用眼睛和心灵静静地注视着铜罐、碟子、水果、面包、酒瓶、刀叉、灶台这些极为普通的东西,在万事绮靡奢华的路易十五时代,让凝重的静物画显得格外醇厚。他以美好的思想描绘那些平凡而无声的朋友,朴素、真诚,静静地、安然地感染着每一个欣赏他的人!

新古典主义画派奠基人大卫不仅具有敏锐的思想，还是一个相当自信的人。他并不是绘画天才，儿童时期的家庭变故，导致他个性沉默寡言，不太合群；常常一个人躲在角落里思考，缺少典雅的情调，使人感到少年老成。但正是生活的磨砺和沉稳，让大卫拥有惊人的毅力和勤奋刻苦的精神，始终坚信自己会成为一个有价值的人！

而鲁本斯和委拉斯贵支，都是巴洛克风格的代表人物，他们一生坚持自己的梦想，无论是在什么位置上，受到何种待遇，都不能令他们放弃追逐的脚步；巴洛克风格在当时具有贬义，人们认为它的华丽、炫耀是对文艺复兴风格的贬低；但现在，人们已经公认，巴洛克是欧洲一种伟大的艺术风格，从客观上得到了一个较为公正的评价。鲁本斯和委拉斯贵支凭借自信和才能，不仅给艺术界带来很大影响，更给后人带来很多启迪和力量！

让·弗朗索瓦·米勒，是法国近代绘画史上最受人民爱戴的农民画家。他以乡村风俗画中感人的人性在法国画坛闻名，将全部思想灌注于永恒的意义，给予万物所归的大地雄壮又伟大的感觉与表现。米勒那纯朴亲切的艺术语言，是公认的农村生活的庄严史诗，他用画笔和颜色表达了农民对土地的依恋，也揭示了人类围绕土地而争斗的喜悦与悲哀。人们称米勒是"乡巴佬中的但丁、土包子中的米开朗基罗"，而他留给世界的，则是充满自信的淳朴微笑和在田园中最诗情画意的乐章！

19世纪中期以后，俄国农奴制被废除，民主思想得到广泛传播，社会各阶层人民的觉醒意识迅速提高，俄罗斯文艺进入了辉煌时代。《伏尔加河上的纤夫》正是在这样的历史背景中诞生的，这幅画的问世，标志着俄国批判现实主义的胜利，也奠定了列宾作为批判现实主义的泰斗，成为巡回展览画派的旗帜。列宾保持数十年如一日，捕捉到生活中的每一朵浪花，挖掘生活中的每一条潜流，研究它们的真正思想底蕴。"我的肉体归黄土，我的灵魂归天堂，我的金钱归穷人"，这是米开朗基罗的誓言，在他的作品中，一个个巨人般的宏伟形象挺立起来，传达的是一种刚勇的气概和精神思想，所以才会经久不衰……

沿着各位绘画大师的历程会发现：成功不是表面的、特殊的、个人的，而应该是本质的、普遍的、非个人的。虽然我们不一定能成为画家，但人生亦可以如此——用脚步走出构思的初稿，用劳动添画出一点点构思；把苦乐当成画面中的色彩，把磨砺看作图画里的线条；目标是画卷的终稿，这样的人生，同样是一幅最完美的画卷！

米勒作品《拾穗》

我的未来不是梦

智慧心语

1.执志不绝群,则不能臻成功铭弘勋。

——葛洪

2.成功与失败的分水岭,可以用这五个字来表达——我没有时间。

——富兰克林

3.你如果要做一个艺术家,你要牢记:必须开拓你的胸襟,务使心如明镜,能够照见一切事物,一切色彩。

——达·芬奇

4.每个人要快乐成功,有三件事情非常重要:每个人都要把自己当作领袖看待;要正面看待周围的事物;把远景变为现实,要实现远景,必须先改变自己的状态。

——安东尼罗宾

5.在任何一个成功的后面都有着十五年到二十年的生活经验,都有着丰富的生活经验,要是没有这些经验,任何才思敏捷恐怕也不会有,而且在这里,恐怕任何天才也都无济于事。

——巴甫连柯

拉斐尔作品《西斯廷圣母》

达·芬奇作品《最后的晚餐》